Culture War on Marriage Equality and Family Values

# 同性婚論争

## 「家族」をめぐるアメリカの文化戦争

小泉明子 著

慶應義塾大学出版会

# はじめに

２０１５年頃より、日本ではＬＧＢＴを取りあげるブームが続いている。テレビではほぼ毎日性的マイノリティであることを明らかにした芸能人やタレントが出演し、性的マイノリティを意味するＬＧＢＴという言葉を現在多くの人が知っている。

そうしたブームを後押ししたのは、２０１５年にアメリカ合衆国（以降、アメリカと表記する）で同性婚が実現されたことだろう。１９９０年代以降、同性婚をめぐる問題はアメリカでの文化的価値観をめぐる対立――文化戦争（culture war）――の中でも注目を集めてきた。

そもそも文化戦争とは何だろうか。文化戦争とは、19世紀後半にドイツ統一を成し遂げたプロイセン首相のビスマルク（１８１５―98）と、反プロイセンの西南ドイツとの間で生じた文化闘争（Kulturkampf）を指す場合がある。しかし本書で取り上げるのはその意味ではなく、アメリカを舞台にした文化的価値観をめぐる対立としての文化戦争である。[01] 同性婚、人口妊娠中絶、公立学校での祈りの実践、銃規制といった文化的価値観にかかわる争点はしばしば連邦最高裁によって憲法問題として取りあげられ、法廷で出される判決はアメリカ国民全体の関心を引き起こしてきた。これらの文化的価値観は連邦最高裁裁判官指名の際の争点になるほか、立法政策や政治過程に影響を及ぼしている。

本書はこの文化戦争の争点のうち、同性婚（same-sex marriage または婚姻の平等 marriage equality）に焦点を当てる。法制度としての同性婚を認めるか否かという争点は、同性婚の実現を求める同性愛者と、同性婚に反対する保守派との間で極めて熾烈な対立を引き起こした。

第二次世界大戦後、アメリカで同性愛者の権利運動が本格化した。同性愛者の権利運動は一般的にゲイ・ライツ運動（gay rights movement）といわれるが、穏健で異性愛社会への同化を目指した１９５０年代の運動をホモファイル運動（homophile movement）、１９６９年のストーンウォール暴動をきっかけに生じた、より積極的な運動をゲイ解放運動（gay liberation）という。特に90年代以降に同性婚が権利運動の主目標になると、同性婚に反対する反動（backlash）が生じた。この二つの動きがもたらすダイナミズムはどのようなものであったのだろうか。また、同性婚をめぐる論争の中で語られる「家族」概念は、実際の政策や立法、判例にいかなる影響をおよぼしたのだろうか。いうなれば本書は、アメリカで家族概念がどのように揺らいでいるのかを同性婚問題を通してみるという試みでもある。

「家族」といってもその定義は論者により様々であり、家族を論じるうえでも多くの切り口がある。アメリカでは、20世紀後半から「家族法の憲法化」という現象がみられ、婚姻、子育て、妊娠中絶、親権などの家族関係にかかわる問題が、憲法上の権利の問題として語られる状況が続いてきている。

また、欧米諸国では1980年代以降、婚姻と同等の関係性にあるカップルに、パートナーシップ制度という形で税制や相続、社会保障などの法的保護を与える動きが進んできた。アメリカでは90年代以降、ドメスティック・パートナーシップやシビル・ユニオンといった同性カップルの法的保護を認める制度が各州でできたが、同性婚を認めるか否かという論点は政治家、市民権運動家、州最高裁、連邦最高裁、一般市民、メディアを巻き込んだ政治問題となった。たとえば2004年の大統領選における争点の一つは、同性婚を認めるかどうかであった。2008年の大統領選でも、同性婚は各大統領候補者の政治的立場を示すバロメータとして報道された。2015年に連邦レベルで同性婚が認められるまで、同性婚はアメリカ市民の感情を揺さぶる争点であり続けた。まさに、アメリカ人は、神聖な家族や婚姻とは何かをめぐり、その核となる価値について対立していたのである。[02] ちなみに、2000年代より同性間の婚姻を「婚姻の平等」と称する場合が増えるが、本書では「同性婚」で統一し、文脈に応じて「婚姻の平等」と記述する。

本書は性のありかたであるセクシュアリティに関わる内容を含むため、用語についてあらかじめ説明しておきたい。まず性的指向（sexual orientation）とは、恋愛感情や性的な関心がどの性別へ向かうかという意味である。性的指向は変わることもあるが、本人の意思で変えることが難しいため、「志向」や「嗜好」という漢字は用いない。また性自認（gender identity 性同一性ともいう）とは、自分の性別をどう捉えているかを意味し、自分の身体的性別と性自認が同じ場合をシスジェンダー（cis-gender）、身体的性別と性自認が異なる場合をトランスジェンダー（transgender）という。[03] 身体的性別は男性だが性自認は女性の場合をＭＴＦ（male to female）、身体的性別は女性だが性自認は男性の場合をＦＴＭ（female to male）という。性的指向と性自認は、混同されやすいが別物である。トランスジェンダーの性的指向は様々であり、性自認に合わせてＭＴＦヘテロセクシュアルなどという（この場合、身体的性別は男性だが性自認は女性、性的指向は異性愛のため男性を恋愛対象とするトランスジェンダー、となる）。

冒頭で言及したＬＧＢＴとは、女性同性愛者（レズビアン lesbian）、男性同性愛者（ゲイ gay）、両性愛者（バイセクシュアル bisexual）、トランスジェンダー（性別越境者 transgender）のそれぞれの頭文字をとったもので、性的マイノリティの総称として用いられている用語である。末尾に性的指向や性自認に縛られない、あるいは定まらないという意味でのＱ（クィア queer またはクエスチョニング questioning）や、性染色体や生殖器が典型的でないカテゴリーであるＩ（インターセックス intersex）をつけて、ＬＧＢＴＱやＬＧＢＴＩと表現する場合もある。２０１６年頃から、より多様な性のありかたを包摂する用語として、ＳＯＧＩ（性的指向と性自認 sexual orientation and gender identity）という言葉が用いられることもある。ＳＯＧＩはソギ、またはソジと発音する。

本書で「同性愛者」という場合は、断りがない限りは女性同性愛者（レズビアン）、男性同性愛者（ゲイ）、および両性愛者（バイセクシュアル）を指すものとする。

アメリカ合衆国の同性婚について論じる前に、本書はまず１９５０年代以降の同性愛者に対する差別の歴史と差別に対抗する権利運動について取りあげる。そして90年代以降の同性婚実現を目指す権利運動の展開と、それが引き起こした保守派による反動について分析する。アメリカの文脈をふまえて、終章では近年可視化が進む日本の同性愛者の状況や２０１９年に始まった同性婚訴訟について考察する。

同性愛者の権利運動は当事者である彼ら彼女らにいかなる権利をもたらしたのか。そして、宗教右派を中心に展開された反動はどのような言説や手段を用いて同性婚を阻止し、彼ら彼女らが理想とする「家族」を擁護しようとしたのだろうか。そこでは、「家族の価値」という言説がいかなる影響力を持っていたのだろうか。本書は、同性婚の実現を目指す動きと「家族の価値」を保持しようとするバックラッシュがもたらすダイナミズムを明らかにし、日本におけるこれからの議論へと架橋することを目的とする。

同性婚論争◉——目次

# 同 性 婚 論 争

「家族」をめぐるアメリカの文化戦争

# 第1章　ホモファイル運動のはじまり

## 同性愛差別のアメリカ史

同性愛という行為自体は、どんな時代や社会にも存在してきた。しかし18世紀以前の前近代、特に宗教が強い影響力を持った社会では、しばしば同性愛は自慰や獣姦などと同様に忌み嫌われ禁止されてきた。宗教はおよそ信者の拡大を目指すが、生殖に結びつかない性行為はその基本目的と相容れないからである。

同性愛行為を反道徳的なものとして批判的に捉える傾向は、紀元前4世紀のギリシャの哲学者プラトンにまでさかのぼることができる。プラトンは『法律』の中で、同性愛は生殖に結びつかない行為であるため、また、特に男性が行う同性愛行為は男性を女性の地位におとしめるため、という二つの理由から、自然に反するとして批判している。[01]

中世ヨーロッパでは、著名な神学者であるアウグスティヌスやトマス・アクィナスらが生殖に結びつかない男性同性愛行為（ソドミー行為）は自然法の掟に反するものと位置づけた。１５５３年、ヘンリー8世統治下のイギリス議会では、「人および動物を相手にした忌わしい男色（buggery）の罪」を極刑に付すと決定された。[02] ローマ・カトリック教会で宗教上罪とされてきた男色（ソドミー）はこうして法律上も犯罪とされ、次第にイギリスの裁判では男女間・同性間を問わずに生殖に結びつかない性的行為もソドミー法の対象に含まれると解されるようになっていった。[03] 18世紀の法学者ウィリアム・ブラックストンの『イングランド法釈義』では、同性愛は「自然に反する悪名高い罪」、「口にするのもはばかられる罪[04]」と記述されている。

西洋法制史学者の三成美保によれば、西洋では17世紀後半から、生殖に結びつかない同性愛を逸脱、病理とみる「性愛の医療化」がはじまり、この「医療化」の過程で「異性愛／同性愛」という二分化されたカテゴリーが社会に定着していった。「同性愛」という言葉自体は19世紀ドイツの精神医学者クラフト＝エビングが精神病理（変態性欲）の一つとして用いて以来、病理用語として普及していった。[05] 19世紀に入ると、同性愛者（homosexual）というアイデンティティ・カテゴリーが認識されるようになった。アメリカの場合、特有のカテゴリーとして「同性愛者」が現れてくるのは19世紀末である。

イギリスより法を引きついだアメリカでは、１９６１年までほぼ全州にソドミー行為を重罪として罰するソドミー法が存在した。19世紀末の産業化は都市を中心としたゲイカルチャーを生み出したが、同性愛者は同性愛行為によって潜在的犯罪者として位置づけられ、異性装者《トランスヴェスタイト》（化粧や服装で異性の格好をすること）も処罰の対象となった。19世紀半ばから末にかけ、シカゴ、カンザスシティ、サンフランシスコなど全米の各都市で異性装を禁じる法が制定された。1970年代にはオハイオ州のシンシナティで異性装を禁じる法が制定されている。ニューヨーク州、カリフォルニア州は州レベルで異性装を罰していた[06]。また、同性愛者は性的逸脱者という病理的存在とされ、当時は公の場で同性愛者であると認めること、ゲイバーを支援すること、個人の自宅でのゲイパーティに招かれることは、逮捕される危険を伴っていた[07]。

第二次世界大戦中、アメリカでは約1600万人の男女が米軍に戦時動員され[08]、自覚的な同性愛者が別の同性愛者に出会う機会をもたらした。しかし、50年代に強まった反共産主義（マッカーシズム）のもとで、同性愛者は国の安全を脅かす存在とみなされ、公職追放（パージ）の対象とされた。マッカーシズムの下で共産主義者がパージされたことを「赤狩り red scare」というが、同じく性的マイノリティがパージされたことを「ラヴェンダー狩り lavender scare」という。ちなみにラヴェンダーというのは、社会的に男性の色とされがちな青、女性の色とされがちな赤、いずれにも属さない赤と青の混合、すなわち紫色（ラヴェンダー）に性的マイノリティが該当するという意味である。

余談だが、10年ほど前に筆者が有名なゲイタウンであるサンフランシスコのカストロ地区を訪れた際、土産物店には同性愛者の権利を意味するレインボーフラッグのほかにラヴェンダー色の旗も売られていた。

1950年の連邦議会上院の政策方針「同性愛者およびその他の性的逸脱者の政府雇用について」は、次のように述べる。「同性愛者が一人でもいれば、政府が汚れる」[09]。53年に出されたアイゼンハウアーの大統領命令10450では、連邦公務員の雇用あるいは雇用継続にあたり、国家安全保障のために、薬物中毒やアルコール依存と並んで「性的逸脱」がないかを調査すべきとされている[10]。その結果、同性愛者であることを理由として公職から追放された人は5000人を超え[11]、その数は皮肉にも赤狩りでパージされた人数よりも多かったという。同様の政策は全米の各州、地方自治体、民間企業にも広がった。また52年、連邦議会は共産主義者に加えて同性愛者のアメリカ入国も禁じた[12]。アメリカ司法府の頂点に位置する連邦最高裁判所（以降、連邦最高裁と表記する）は、この行政の姿勢にのっとり、67年に同性愛者は「精神病質者」であるから、移民とは認められないとの判決を下している[13]。

1950年代の同性愛者に対する差別がどれほど過酷なものであったか、歴史学者のジョージ・チョーンシーは詳細に記述している。同性愛者であることが判明すれば教師、医療従事者、自治体の職員、弁護士、美容師といった免許を要する職業から追放されるだけではない。彼ら彼女らは公の場で集うことを認められず、「風紀を乱す」という理由から、レストランやバーが同性愛者に食事やアルコールを提供することは法律で禁止されていた。バーのオーナーは「もしあなたがゲイなら、入店しないで下さい」という看板を掲げ[14]、ゲイに人気のあるレストランやバーは、警察の度重なる手入れや嫌がらせにより閉鎖に追い込まれた。「男性が同性を誘惑するために公共の場に出入りし、徘徊する行為」は風紀紊乱罪として処罰の対象となった。たとえば23年から69年にわたる約40年のあいだ、ニューヨーク市では5万人以上の男性が風紀紊乱行為で逮捕されている（有罪になれば当然、職を失った）。警察官にとって、逮捕や摘発を免れようと賄賂を渡すゲイやバーのオーナーは体のいいカモだった。また、多くの州では同性愛者を「性的異常者」とみなし、治癒するまで無期限に精神病院へ隔離することができた。ハリウッド映画では、作品の中に同性愛者を登場させることや同性愛をほのめかすことが禁じられていた。これは、1930年から68年まで存在したヘイズ・コードといわれる映倫規定による。1929年の世界大恐慌はアメリカ社会の道徳的退廃が原因で生じたと当時は考えられ、同性愛やヌードなどの「不道徳」とみなされる表現が禁止されたためである。チョーンシーは次のように述べる。

50年前には、同性愛者は単に軽蔑され嘲笑されていただけではない。かれらの市民権は制度的に剝奪されていたのだ。つまり、結社の自由、公的な施設を利用する自由、表現の自由、報道の自由、そして自分自身が欲する親密さの形を選択する自由を剝奪されていたのである。そのうえかれらは、現代の私たちの想像を絶するほどの激しい取締りや嫌がらせにも直面していた。[15]

チョーンシーが述べるように、50年代の同性愛者は法的にも制度的にも社会から排除されていたのである。同性愛者がどのような軽蔑と侮蔑的扱いに曝されていたかを示すものの一つとして、歴史学者リリアン・フェダマンが著書『ゲイ革命』で提示しているエピソードを紹介したい。1965年の『ライフ』誌に掲載された、同性愛者を取り締まる警察へのインタビュー記事である。

ジョージ・バレットはニューヨーク第16管轄区の警察官であった。「下水道」と彼が称するタイムズスクエア周辺で巡回中にでくわした同性愛者や「他の違法者」を、彼は「バイ菌」、「堕落者」、「変質者」と呼んでいた。バレットは下水道の浄化と「バイ菌」の除去に「取りつかれて」いることを認めていた。彼の言葉づかいも容姿も、ハードボイルド映画の悪役警察官の模倣であった。「パンチで野郎を負かせられなきゃ、そいつを蹴る。俺より蹴りがうまけりゃ、棒やジャッキを使う。必要なら、銃を使う」彼は、『ライフ』誌レポーターのジェームス・ミルズに1965年に述べた。ミルズは挿絵つきの長い特集記事の中で、合金と同じくらい冷たい目と、レンガと同じくらい固く、四角いあごをしている、と彼を描写した。バレットはその描写が気に入った。「女房は、意地悪そうだともいう」彼は自慢気に言った。ほとんどの晩、バレットは43丁目と45丁目の間の地域をうろつきまわり、同性愛の売春者やその顧客を逮捕しようとしていた。彼は仕事を大層楽しんでいるので、同行して変質者らを見るようミルズに持ちかけた。

「こんなケダモノどもは一掃してやる！」通りのあちこちをついて回るレポーターに、彼は話した。バレットは建物の入り口に一緒に立っている5人の女性グループを指し示した。売春婦にヘロイン中毒、全員レズビアンの彼女らに彼はどなりつけた。オフブロードウェイの横道で、6人の若い男性グループのうち2人が熱くなって口論していたのをみて、バレットは立ち止まった。「お前らは男か？」彼は、そうであると知っていながらがみがみと言った。「はい」彼らは警察官が突然現れたことに驚きながら答えた。「お前らは、同性愛者か？」「はい」彼らはうなずいた。「なら、お前らバイ菌どもはこの通りをブロードウェイまで行って、失せちまえ。戻ってくるな。」もっとも気の強い黒人の1人にバレットは言った。「地下鉄のすぐそばまで連れていってやるから、その穴ぐらを駆け下りてここから失せろ。戻ってきたら、両目のど真ん中を射ち抜いてやる。わかったな？」

レポーターのジェームス・ミルズさえも警察官バレットの若い男性に対する暴力的な脅しに驚いた。「ああ、手荒いな」バレットは同意した。「けど、彼の弁護士からの審問に応じる気はないね。だってあいつは同性愛者だって認めているんだから。[16]」

同性愛者が潜在的犯罪者とみなされていたがゆえに侮蔑と嘲笑の対象となり、また警察官の差別感情に満ちた憂さ晴らしの対象にもされていたことが如実にわかるエピソードである。

## ラヴェンダー狩りとホモファイル運動のはじまり

50年代、同性愛者は自分の性的指向がばれれば職を解雇されたり、専門職の資格をはく奪されたり、精神病院へ強制的に入院させられ（州によっては去勢や電気ショック治療、ロボトミー手術も認めていた）、風紀を乱したという理由で逮捕されるという危険に常につきまとわれていた。しかし皮肉にも、マッカーシズム下での嫌がらせは同性愛者というアイデンティティを輪郭づけ、ほかにも自分と同じ性的指向を持つ存在がいるのだと気づかせた。[17] そして、同性愛者に敵対的な社会や法のあり方を変えようとする初期の権利運動、ホモファイル運動（homophile movements）が立ちあがってくる。

51年、ロサンゼルスで元共産主義者のハリー・ヘイ（1912―2002）により設立されたマタシン・ソサエティ（Mattachine Society）は、第二次世界大戦後初期に作られた同性愛者の権利擁護団体である。マタシン・ソサエティは当初マルクス主義の社会改革運動の影響を受け、同性愛者という抑圧された自己の解放を運動目的に掲げ、53年に月刊誌『ワン One』を発行した。54年、ロサンゼルス市郵便局は『ワン』に載せられた記事の内容および広告が猥褻であるとして配達を拒否した。マタシン・ソサエティはこの郵便局の行為は連邦憲法修正第1条で保障されている表現の自由に対する不当な侵害であるとして提訴した。連邦最高裁は、この訴えを（同性愛者の問題ではなく）表現の自由の側面から検討し、別の判決で示されたばかりの「国は猥褻という理由で出版物の検閲はできない」との論理に依拠し、郵便局の配送拒否を妥当とした第9巡回控訴裁判所判決をくつがえした。[18]

マタシン・ソサエティは53年の代表交替後は、教育や説得を通じて同性愛者の地位向上と社会規範への同化を目指す団体となった。55年には、女性同性愛者のための運動組織およびコミュニティとして、ビリティスの娘たち（Daughters of Bilitis）がサンフランシスコで設立された。ビリティスの娘たちは雑誌『ザ・ラダー The Ladder』を創刊し、1960年にはニューヨークやシカゴ、ロサンゼルスに支部を持った。ビリティスの娘たちもまた、「同性愛者の社会への同化促進[19]」を目的として設立され、その運動内容は個々のレズビアンに生活上の助言を行うなどの穏健で啓蒙的なものにとどまった。

図 1-1　1935 年、マタシン・ソサエティの設立者ハリー・ヘイ
（Courtesy of ONE Archives at the USC Libraries）

マタシン・ソサエティとビリティスの娘たちに代表されるホモファイル運動は同化主義路線に立ち、みずからが礼儀正しい市民であることをアピールすることで性的逸脱者というラベルを払拭することを目指していた。ちなみに、社会学を学ぶなら必読とされるアーヴィング・ゴフマンの『スティグマの社会学』という本に、マタシ

ン・ソサエティについての興味深い記述がある。

この組織は同性愛の人びとの現状の紹介、改善を目的としており、その仕事の一端としてこの協会は雑誌を発行している……ところが事務所で働いている人たちの行動には同性愛的なところがないので、同じビルの他の事務所の人びとは、何がそこの事業なのか、どういう人間がそれをやっているのかに、気づかずにいたのである。[20]

図 1-2（上）　雑誌『ONE』表紙
（Courtesy of ONE Archives at the USC Libraries）
図 1-3　雑誌『The Ladder』表紙

このゴフマンの記述からは当時のホモファイル運動の雰囲気がよくわかると同時に、男性同性愛者はなよなよしている、あるいは女性同性愛者は男装をしているといったステレオタイプがいかにあてにならないかも指摘している。

## 1969年のストーンウォール暴動 ――「アンタどうかしてるの？　これは革命なのよ！」

同性愛者の権利運動を考える上で、1969年のストーンウォール暴動を抜きにして語ることはできない。60年代は黒人差別の克服を目指す公民権運動や女性解放運動など、公正な社会を目指して人種やジェンダーのアイデンティティにもとづく異議申し立てが盛んになった時代だった。マーティン・ルーサー・キング牧師の有名な「私には夢がある」という演説が行われた63年のワシントン大行進を組織したのは、ゲイのベイヤード・ラスティン（1912―87）である。当時カミングアウトできなかった同性愛者の多くが公民権運動にエネルギーを注ぎこんでいた（自らの性的指向を明らかにしないことをクローゼットの状態といい、性的指向を明らかにすることをクローゼットから出る、という意味でカミングアウトという）[21]。公民権運動や女性解放運動の影響を受け、同性愛者の権利運動もまた、同性愛者としてのアイデンティティに自覚的になっていく。この時期には公民権運動で用いられたスローガン「ブラック・イズ・ビューティフル」になぞらえて、「ゲイ・イズ・グッド」というスロ

図 1-4　1969 年のストーンウォール暴動

図 1-5　1969 年、ニューヨークのタイムズスクエアでのゲイ解放運動の行進

図 1-6　1972 年、同性愛者への抑圧に抗議するクリストファー通りでの行進

ーガンが用いられた。このスローガンからみえるのは、社会に寛容を求めるよりも、自己肯定的な同性愛者像を目指す姿勢である。

69年、当時アメリカで最大のゲイ人口を有していたニューヨーク市グリーンウィッチ・ヴィレッジのゲイバー、ストーンウォールでゲイ解放運動が始まるきっかけとなる事件が起こる。先述の通り、ソドミー法があるために同性愛者は潜在的犯罪者とみなされ、警察は出会いの場となるバーや、浴場、公園などを執拗にパトロールしていた。[22] フェダマンはストーンウォール暴動について、臨場う。

感豊かに当時の様子を描写している。やや長くなるが、なるべく原文通りに要約し、紹介してみよう。

1969年6月28日（土）の深夜午前1時頃、用心棒は〔ストーンウォールの〕ドアののぞき穴に呼び出された。警察官が見えた。

「警察だ、開けろ！」警察官がそう叫んだとき、用心棒はドアを開けねばならなかった。マンハッタン公共道徳隊第一部門の6人の警察官がその場へ押し入った。2人の覆面女性警察官はすでに店内にいた。彼女らはレズビアンを装って1時間以上バーに居座り、ドラッグを売ったり使ったりする同性愛者を見つけようと目を光らせていた。

酒を飲んで騒ぐ200人でごった返すストーンウォールの薄暗い部屋は突然、まばゆい光にあふれた。ジュークボックスはヒューといって静まった。得意客はそれが何を意味するかを知り、凍りついた。「一列に並べ。IDを出して手に持て」警部代理の1人が命じた。

見せたIDが未成年でない者や他の性別の振りをした者はドアの外へ追い出された。数人の「ドラァグ・クイーン」〔派手な化粧と引きずる（drag）ドレスでパフォーマンスをする女装男性〕は「女性」と言い張り、2人の女性警察官にトイレへ連れていかれ、そこでニューヨーク刑法240・35条第4節「不自然な服装あるいは顔の変更」に違反していると決定された。「あなた方は逮捕されます」

と彼らは告げられた。

小さな集まりとなったレズビアンのひいき客のうち2人が怒って警察官に口答えし、「私たちはここにいる権利があります！」と叫んだ。彼女らも特別注意のために追い出された。

こうした警察の行動はグリーンウィッチ・ヴィレッジのゲイバーでは珍しくなかった。6月28日のガサ入れも、確かにストーンウォールは会員であることを求める私的クラブであると主張するが、酒がそこで売られ、バーは酒販売許可を持っていないことが口実だった。ガサ入れの理由が何であれ、ゲイバーへの警察の嫌がらせの歴史は十分に古かったから、ゲイの人々は何をすべきかわかっていた。もし彼らが警察署へしょっぴかれ捕まるのではなく、幸運にも外へ追い払われるのであれば、彼らはすぐに逃げ出した。

しかし、その晩彼らは逃げ出さなかった。ひいき客は警察に解放されると、バーの前の歩道に立って、まだ店内にいる友人が解放されるのを待った。ストーンウォールのドアを新たな人が通るたび、待っていた人々が拍手喝さいした。陽気な群衆は、騒ぎがどんなものかを見に来たグリーンウィッチ・ヴィレッジへの週末の旅行客によってすぐにふくれあがった。

数人の仮装法違反者に加え、ストーンウォールのバーテンダー、荷物預かり嬢、ドアマン、年老いたストレートの黒人男性である男性用客室係が手錠をされて外に連れ出され、待機していた護送車に集められた。その後、数人の警察官がブッチ〔男役〕のレズビアンをバーから引きずってきた。

護送車は満杯だったため、警察官はメンズの礼服を着た、がっしりとした、黒髪の彼女を通りに並んだパトカーの一台に押し込んだ。しかし彼女はじっとしていなかった。3回彼女は運転席側の後部座席から滑り出し、おそらくはまだ恋人が訊問されているストーンウォール店内へと戻ろうとした。3回目に屈強な警察官が彼女の背中をパトカーに押しつけたとき、彼女は群衆に向かって叫んだ。

「おまえたち、何もしねえのかよ？」

あたかも彼女の問いが、数世代にわたってゲイとレズビアンを縛っていた呪文を破ったかのようだった。群衆にカッと火がついた。「野蛮な警察め！」「豚ども！」彼らは叫んだ。彼らは警察官にペニーコイン（くすんだ銅貨）を雨のように投げつけた。誰かがちらばっていた丸石を投げた。ビール缶やガラス瓶が続いた。黒人のドラァグ・クィーン、マーシャ・P・ジョンソンはレンガを鞄につめ、ハイヒールとタイトドレスにもかかわらず街灯によじ登った。下に停めてあるパトカーのフロントガラスめがけて鞄を放り、満足のゆくガラスの砕ける音を聞いた。ゲイたちは護送車を取り囲み、それを解体して中にとらわれた囚人たちを助けるかのように揺すった。群衆の誰かがやめる時じゃないかと言ったとき、別の誰かが——おそらくドラァグ・クィーンのシルヴィア・リベラ——が答えた。

「アンタどうかしてるの？　1分でも無駄にできないわ、これは革命なのよ！」

2人の警察官が28歳のレイモンド・カストロに手錠をかけ、護送車に押し込もうとした。「彼を離せ！　彼を離せ！」群衆が叫ぶのに刺激され、カストロはスーパーヒーローさながらに後ろへ跳ね返り、警察官の両方を打ち倒した。1人のブッチ仲間が近くにあったゴミ箱に火をくべ、赤や金に燃えたところで板ガラスとベニヤ板で支えられたストーンウォールの窓の一つに投げ込んだ。人々は公衆電話に殺到し、この闘いに加わるよう他のゲイに電話をかけた。満月、〔夏の〕暑さ、警察官がジュークボックスのコードを抜いたこと――すべてが合わさって、ストーンウォールでの暴動を引き起こす完璧な嵐を形成した。

ストーンウォールにいたのは6人の警察官と2人の女性警察官のみ、群衆はどういうわけかおよそ千人へふくれあがっていた。ついに午前2時55分、主な任務はニューヨーク市の人種暴動と手のつけられない反戦抗議を鎮圧する戦術偵察隊を運ぶ警察のバスが到着した。暴徒が最終的に明け方4時に散り散りになるまで、戦術警察隊はクリストファー通りを取り締まった。

土曜日の日中、消耗しきった暴徒たちは眠っていた。その夜、彼らは再びストーンウォールに集まった。ストーンウォールは目の前の通りと同様、ゲイのみならず暴動の跡を見に来たもの好きですぐにごった返した。群衆が増えるにつれ、すぐに通りは5ブロック区域を超えて人々が群がった。その晩、車庫に回送バスを戻しに通ったバスの運転手がクラクションをやかましく鳴らした。誰かが大きな厚紙広告をバスの側面から剝ぎとり、それでフロントガラスを覆った。それは合図のようだった。群衆はバスをけたたましく叩き、「クリストファー通りはクィーンのもの！」「通りを解放しろ！」と叫んだ。バスは最終的に通過を許されたが、ほかの車は止められ、ゲイにルーフやボンネットに乗り上げられて踊られた。警察の車が到着すると暴徒は彼らにゴミやコンクリートブロックを浴びせ、こぶしや足で乱打してパトカーの一つから赤色灯を打ち落した。四つの管轄区が支援のために呼び出された。その時までに、群衆は約2千人強になっていた。戦術警察隊のバスが現れるまでに、第二の、総力をあげての週末のゲイ暴動が進行中だった。暴動は明け方の5時半まで続いた。[23]

図 1-7　2019 年に開催されたストーンウォール暴動 50 周年記念イベント

暴動がおさまったのは約1週間後のことだった。このストーンウォール事件は、全米中の性的指向を隠していた（クローゼットに隠れていた）同性愛者たちに同じ性的マイノリティの存在を知らしめ、性的マイノリティが互いに連帯し、全米各地で解放のための組織を形成していくきっかけとなった。

1970年代に本格化するゲイ解放運動は、異性愛社会への同化を目指したホモファイル運動とは異なり、権利主張のために直接行動を起こす積極的な姿勢が特徴である。性的マイノリティの可視化を目指すパーティ、新聞の発行、デモなどに加え、イベント会場や報道陣の前に突如現れ、公の場で騒々しい主張（ザップ zap）を繰り広げ、同性愛者の法律上の権利保護を求め、雇用差別の撤廃を要求した。[24]

このような運動が功を奏し、73年にはアメリカ精神医学会の判断マニュアル（SDM-I）から「同性愛」の項目が削除された。それまで同性愛者は性的逸脱者、あるいは精神障害者として病理化されてきた。50年代には、病理化して治療対象とすること自体が同性愛者に対する寛容の表れであるとさえ考えられていた。この項目が削除されることで、同性愛者は以降、自身の性的指向をスティグマ（汚名）ではなく自尊心の源にあるアイデンティティとしてとらえるようになっていく。同じく73年、アメリカ公務員人事委員会（Civil Service Commission）は「同性愛者あるいは同性愛行為をするというだけではその人物が連邦公務員に不適切かどうかはわから」ず、「同性愛行為が仕事に影響を及ぼす場合に限り、公務員を解雇しうる」との見解を出した。また、75年には委員会の連邦公務員雇用不合格条件から「不道徳な行為（同性愛行為）」が正式に削除された。[25]同時期には、ペンシルベニア、カリフォルニア、ニューヨークなどの大都市でも公務員の採用に関して性的指向にもとづく雇用差別を禁じる規定ができてくる。並行してこれらの州や各自治体では、民間企業の性的指向にもとづく雇用差別を禁じる、より包括的な政策が検討されはじめた。こうした権利保障を求める動きの中には同性婚を求めるものもあった。

## 初の同性婚訴訟――ベイカー対ネルソン判決（1970年）

図1-8　ジョン・ベイカー（左）とマイケル・マコーネル

ストーンウォール暴動からほどなく、1970年にアメリカで初めて同性婚訴訟が提起された。原告は、ジョン・ベイカーとマイケル・マコーネルという同性カップルであった。彼らは、ミネソタ州で婚姻許可証（marriage license）の発行を求めて拒否され、州の裁判所に訴訟を提起した。ちなみに、婚姻許可証とは当事者が法的に婚姻することを認可する書類のことである。アメリカの婚姻要件は州により異なるが、法的に有効な婚姻をするには婚姻許可証と婚姻証明書の二つの書類が必要になる。まず身分証明書などの必要書類をもって、州の下位行政組織である郡の書記官に婚姻許可証を発行してもらう。この婚姻許可証は90日などの有効期限があるため、有効期限内に挙式権限を持つ牧師や裁判官の下で挙式を行い、婚姻証明書（marriage certificate）を発行してもらう。こうしてカップルは法的に婚姻したとみなされる。

原告は、ミネソタ州が同性婚を拒否することは、連邦憲法修正第9条（国民に留保された基本権）の侵害にあたること、また連邦憲法修正第14条の平等保護条項違反にあたると訴えた。ミネソタ州最高裁はけんもほろろに訴えを退けた。判決内容をわかりやすく箇条書きにしてみよう。

1　原告は同性婚をする憲法上の権利があると主張するが、その主張を支える連邦最高裁の先例はない。

2　生殖や家族内での子育てを独自のものとして含む、男女の結びつきとしての婚姻制度は創世記と同じくらい古いものである。……この歴史的制度は明らかに、主張されている婚姻の現代的概念や原告が主張する社会的利益よりも深く根づいている。

3　連邦憲法修正第14条平等保護条項は、誰が結婚する資格があるかという州の分類によって侵害されない。不合理な、あるいは不公平な差別は存在しない[26]。

連邦憲法修正第9条は、連邦憲法に列挙される権利があるとしても、国民が享有するその他の権利を軽視してはいけないという内容である。また、連邦憲法修正第14条は、「いかなる州も、法の適正手続《デュー・プロセス》なしに、人の生命、自由、または、財産を奪ってはならない……法の平等保護を拒否してはならない[27]」と規定する。この修正第14条は、州や政府はある個人を合理的な理由なしに不当に扱ってはいけない、差別してはいけないという重要な条文であり、その後の同性婚訴訟で頻出する条文である。しかしミネソタ州最高裁は、州が同性婚を拒否していることは連邦憲法が保障する基本的権利や平等保護に何ら違反するものではないとして原告らの主張を退けたのだった。その後、原告カップルは訴えを連邦最高裁に持ち込むものの、連邦最高裁は本件を棄却した。同性カップルを婚姻制度から排除していることは、実質上連邦法上の問題ではないとの理由からである[28]。同じく70年、ケンタッキー州でも女性の同性カップルが婚姻許可証の発行を求めて訴訟を提起した。裁判所は、婚姻は国が婚姻許可書を発行するはるか前から慣習として存在し、そのすべてのケースで婚姻は男女間の結びつきと考えられていたのだから、その定義からすれば女性同士の婚姻は成立しえないとして原告の訴えを否定した[29]。

ベイカー対ネルソン訴訟は勝訴を求めるというよりも、婚姻に伴う利益から同性愛者が排除されていることを社会に訴えることを目的としてなされたものであった。しかし、同性婚訴訟は同性愛者のコミュニティ内部でも時期尚早として冷ややかに受け止められた。70年代の同性愛者の権利運動では個人を差別から保護することがまず重視されたからである。同性カップルの権利保障（同性婚）が実現すべき運動の目標として把握されるようになるのは、第3章で後述するようにエイズ・パニックが起きた80年代からである。

図1–9　1973年、「カストロ・カメラ」の前でポーズをとるハーヴェイ・ミルク

## オープンリー・ゲイの議員　ハーヴェイ・ミルク

70年代の同性愛者の権利運動を語るうえで、欠かせない人物がいる。同性愛者であることを公にしているオープンリー・ゲイとして、カリフォルニア州サンフランシスコ市議会議員に当選したハーヴェイ・ミルク（1930―78）である。映画『ミルク』（2008年）は、鬼才ガス・ヴァン・サント監督が48年にわたるミルクの生涯を描き、ミルク役を演じたショーン・ペンは2009年の第81回アカデミー賞主演男優賞を獲得している。

77年、サンフランシスコ市カストロ地区で「カストロ・カメラ」という写真屋を営んでいたハーヴェイ・ミルクは、失業対策と多様な人々の共生を訴えてサンフランシスコ市の市議会議員に当選した。ゲイタウンであるカストロ地区を含む選挙区から出馬したミルクをゲイの有権者が当選へと押し上げたのである。

サンフランシスコ市議会のメンバー11人の中には、最年少で当選したダン・ホワイト（1946―85）がいた。ホワイトは、住民の多くがカトリックである保守的な白人労働者層の地区から選出された元警察官である。ホワイトは、サンフランシスコの「急進主義者、社会的逸脱者、ろくでもない人物」と戦うことを約束して議員に選出された。ゲイの権利進展や社会的弱者のための政策を推し進めたミルクに対し、保守的なホワイトはあらゆる点で対立した。たとえば78年にミルクが起草に携わった、サンフランシスコ・ゲイ権利条例案がジョージ・モスコーニ市長により承認されたとき、唯一反対したのがホワイトだった。ホワイトは報道陣に意見を聞かれ、「この条例案はドレスを着た男性を教師にしてしまう。人々は憤慨しているんです！」と答えている。[30] また、同年に同性愛者を公教育から締め出そうとする内容のブリッグス・イニシアティブがカリフォルニア州で持ち上がった際も、リベラルなサンフランシスコで唯一イニシアティブに賛成したのはホワイトの選挙区であった。

ホワイトはブリッグス・イニシアティブが否決された3日後、給与の低さを理由に市長に議員辞職を願い出る。しかし周囲の反対や彼自身が辞職を迷っていたこともあり、もう一度議員の職につけないかと、モスコーニ市長に訴える。ゲイに敵対的なホワイトを再び議員として復職させることは、再選を目指す市長にとってはゲイの有権者層の票を失うことを意味していた。

約2週間後、モスコーニ市長は別の議員をホワイトがいた職に任命する。その翌朝、拳銃を隠し持ったホワイトはサンフランシスコ市庁舎1階の窓から侵入した。彼は裏階段から市長室と議員室のある2階へと駆け上がった。モスコーニ市長の前でホワイトは選挙区の有権者は彼の復職を望んでいると述べた。「それは無理だろう」。市長がそう答えたとき、ホワイトは拳銃を5発発射した。胸に2発被弾し、市長はうつぶせになって崩れ落ちた。ホワイトはその身体をまたぎ、さらに後頭部に2発銃弾を撃ち込んだ。その後ホワイトは議員室へと向かう。ミルクは自身の議員室で助手と何かをしゃべっていた。ホワイトは「話があるんだ、部屋に来てくれ」とミルクに声をかけた。ミルクは一瞬ためらったが、彼についていった。直後、ホワイトは5発発砲した。3発はミルクの胸部に、2発は頭部に命中した。

その夜、キャンドルライトを手に持ち、ミルクを追悼する数千人の列がカストロ地区から市庁舎へと進んでいった。ホワイトを捜査した警察官によれば、彼は「サンフランシスコ市が悪化していくのを見た」から、ミルクと市長を殺害したのだという[31]。ミルクは同性愛者に対する偏見を打ち破る効果的な方法として、性的指向を明らかにするカミングアウトの重要性を訴えていた。自身が殺害されることを予測していたのか、議員当選後に三つの遺言テープを残している。

もし、銃弾が私の脳に入ったなら、その銃弾で皆のクローゼットのドアを壊してくれ[32]。

単純化していえば、ハーヴェイ・ミルク殺害事件の背景にあるのは保守対リベラルの価値観の対立といえる。この衝撃的な事件は「シンボル化された同性愛者への差別事件[33]」として、権利運動にはずみをつけることとなった。

以上、1950年代から1970年代までにかけて同性愛がおかれてきた状況と、初期の同性愛者の権利運動がどのように展開したかをみてきた。当時のアメリカ社会が構造的に同性愛者を侮蔑的に扱い、屈辱を与えていたことを考えれば、同性愛者の可視化やその権利主張が保守派の不安や反発を引き起こすのは必至だったように思われる。第2章では、そうした反発の主体となった宗教右派がどのような反同性愛キャンペーンを展開したのかをみていく。

# 第2章　宗教右派のアンチ同性愛キャンペーン

## 宗教国家としてのアメリカ

近年比較的知られるようになったことであるが、アメリカは国民の約7割がキリスト教を信仰する宗教国家である。アメリカは1620年に英国国教会の迫害から逃れてきたピューリタンのピルグリム・ファーザーズの移民により始まった国であるから、成り立ちからして宗教国家である。連邦憲法修正第1条は、国家は宗教に対し中立であるべきとする政教分離原則を規定するが、これは国家が特定の宗教を迫害したり、優遇してはいけないという意味であって、宗教が政治にかかわることは政教分離原則違反とはならない。したがって、アメリカの政治や社会では宗教の影響力が様々なところに見られる。たとえばアメリカの紙幣や硬貨には「我らは神を信じる IN GOD WE TRUST」という言葉が入っているし、大統領就任式ではキリスト教の牧師が開会の祈りをささげる。

本章では1970年代末から共和党に多大な影響力を及ぼした宗教右派（Christian Right）の反同性愛キャンペーンについて検討するが、まず前提としてアメリカにどのような宗教、教派があるのかについて説明しておこう。ピューリサーチセンターの2014年調査によれば、アメリカ国民の信仰割合は、キリスト教70・6％（プロテスタント46・5％、カトリック20・8％、モルモン教1・6％、その他1・7％）、ユダヤ教1・9％、イスラム教0・9％、仏教0・7％、ヒンドゥー教0・7％、無宗教22・8％などである。[01] 日本人の7〜8割が無宗教であると自己認識していることに比べれば、非常に多くの人が何らかの宗教を信仰していることがわかる。また教派とは、共通の信条や儀式をもって連携している教会のグループのことである。アメリカには60万の教会があり、それらの教会を束ねる上部機構である教派は4700ある。共通の歴史を持つ教派をまとめて便宜的に教派ファミリーと呼んでおり、この教派ファミリーは10〜20ほど存在する。[02] アメリカの宗教と政治の関係をみる上で重要となるのは、国民の半数が信仰するプロテスタントの教派ファミリーである。主な教派ファミリーとしては、バプテスト、長老派、会衆派、米国聖公会、ルター派などがある。

プロテスタントのはじまりは、1517年、マルティン・ルターが宗教改革でローマ・カトリック教会の権威を否定し、聖書を信仰の中心に据えたことである。16世紀、プロテスタントはルター派、カルヴァン派、またイギリス国王ヘンリー8世がローマ教皇から離婚の許可を得られなかったため1534年に作った英国国教会、アナバプテスト派（再洗礼派）に区分されていた。先述したピルグリム・ファーザーズは、ピューリタン（清教徒）と呼ばれるカルヴァン派の一派である。17世紀以降、アメリカではこのカルヴァン派から会衆派と長老派が分離独立する。会衆派は個々の教会が完全に独立し、自治を行うべきと主張した。当時の各教派は牧師の養成と教育に力を入れており、会衆派の設立した大学にはアメリカ最古のハーヴァード大学と、イェール大学がある。長老派は名前のごとく、一般信徒の代表（長老）が教会の運営に参加できるシステムをとる。長老派にはスコットランドやアイルランドからの移民が多く、アメリカ東部のペンシルベニアが拠点となった。長老派の設立した大学にはプリンストン大学がある。長老派に属する大統領は1863年の奴隷解放宣言で有名なエイブラハム・リンカーン（1809—65）や、ドゥワイト・アイゼンハウアー（1890—1969）がいる。英国国教会の流れをくむ米国聖公会は18世紀に成立し、祈禱書を採用し監督制度の下で教会が統治されるのが特徴である。1754年にコロンビア大学を設立している。米国聖公会に属する大統領はジョージ・ワシントン（1732—99）、ジェイムズ・マディソン（1751—1836）、ジェラルド・フォード（1913—2006）、ジョージ・H・W・ブッシュ（「パパ・ブッシュ」1924—2018）がいる。輩出した人物を見てもわかる通り、長老派と米国聖公会はアメリカの権力を握るエスタブリッシュメントを形成している。メソジスト派は米国聖公会と同じく英国国教会の流れをくみ、18世紀に成立した教派である。メソジスト派は、悔い改めれば誰でも救われるという救済観やキリストの死による代理贖罪を強調するのが特徴である。メソジスト派の大統領としては、ジョージ・W・ブッシュ（１９４６―）がいる。バプテストは米プロテスタント最大の教派である。特徴は、全身を水に沈める洗礼を行うこと、信仰告白を重視し、幼児洗礼を認めないこと、教会の独立性が高いことである。バプテスト出身の大統領には、ハリー・トルーマン（１８８４―１９７２）、ジミー・カーター（１９２４―）、ビル・クリントン（１９４６―）などがいる。

　ここまで、教派の区分を見てきた。しかしアメリカの政治と宗教を考える上で重要になってくるのはこうした教派の区分よりも、「信仰理解あるいは信仰の在り方[03]」によって区別される主流派（mainline）、福音派（evangelical）、原理主義（fundamentalism）という区分である。これらの区分を生み出したもの、それは進化論をめぐる解釈であった。進化論とは博物学者のチャールズ・ダーウィンが１８５９年に『種の起源』で発表した、生物が環境に応じて進化するという見解である。しかしこの進化論は、神がこの世界を創造したというキリスト教の天地創造説と真っ向から対立してしまう。進化論を受け入れるか否か。この問題が20世紀初頭、アメリカのキリスト教内部で持ち上がった。近代化していくアメリカ社会に順応し進化論を受け入れたのが、プロテスタントのメインストリームとなった主流派である。主流派は聖書を尊重するが絶対視はせず、リベラルで他の宗教にも寛容な「福音派ではない人々[04]」である。一方、人間がサルから進化したなど認めないとして進化論を拒否し、聖書の言葉を文字通り解釈すべきだと考えたのが原理主義であった。原理主義は１９２５年のスコープス裁判以降世俗社会から分離し、独自の世界を形成することになる。スコープス裁判とは、テネシー州デイトンの公立学校で進化論を教えた教師ジョン・スコープスが罪に問われた事件である（もっともこの裁判は町教育委員会委員長のフランク・ロビンソンがスコープスに持ちかけて起こしたもので、町おこしが目的だった）。元大統領候補の有名弁護士ウィリアム・ブライアンが原理主義側に立ち、全米のメディアが注目した。裁判の結果スコープスは有罪となったが、原理主義側の主張は矛盾していたり、カインがどこで妻をめとったかなどの聖書の基本的内容にも答えられないなど、その無知蒙昧ぶりが明らかになってしまった。このスコープス裁判以降、原理主義は世俗社会から遠ざかる[05]。

保守的な傾向を持ちつつも、原理主義ほど世俗社会を拒絶するわけではない穏健な人々が福音派と呼ばれる区分になる。福音（good news）とは、イエス・キリストの言葉の意味である。福音派という呼称は1980年代以降メディアに登場するようになったが、定義はいまだに定まっていない。傾向として北部バプテスト、長老派、メソジスト派は主流派に、教派全体が福音派の特徴を持つ南部バプテストは福音派に区分される[06]。しかし第4章で取り上げるジョージ・W・ブッシュ大統領は、主流派のメソジスト派に属しつつも信仰のあり方はきわめて熱心な福音派であった。また福音派はプロテスタントに限らず、カトリックやユダヤ教の一部にも存在する。イギリスの歴史家デヴィッド・ベビントンの定義によれば、福音派の信念とは、①イエスによる贖罪を信じる、②回心（ボ

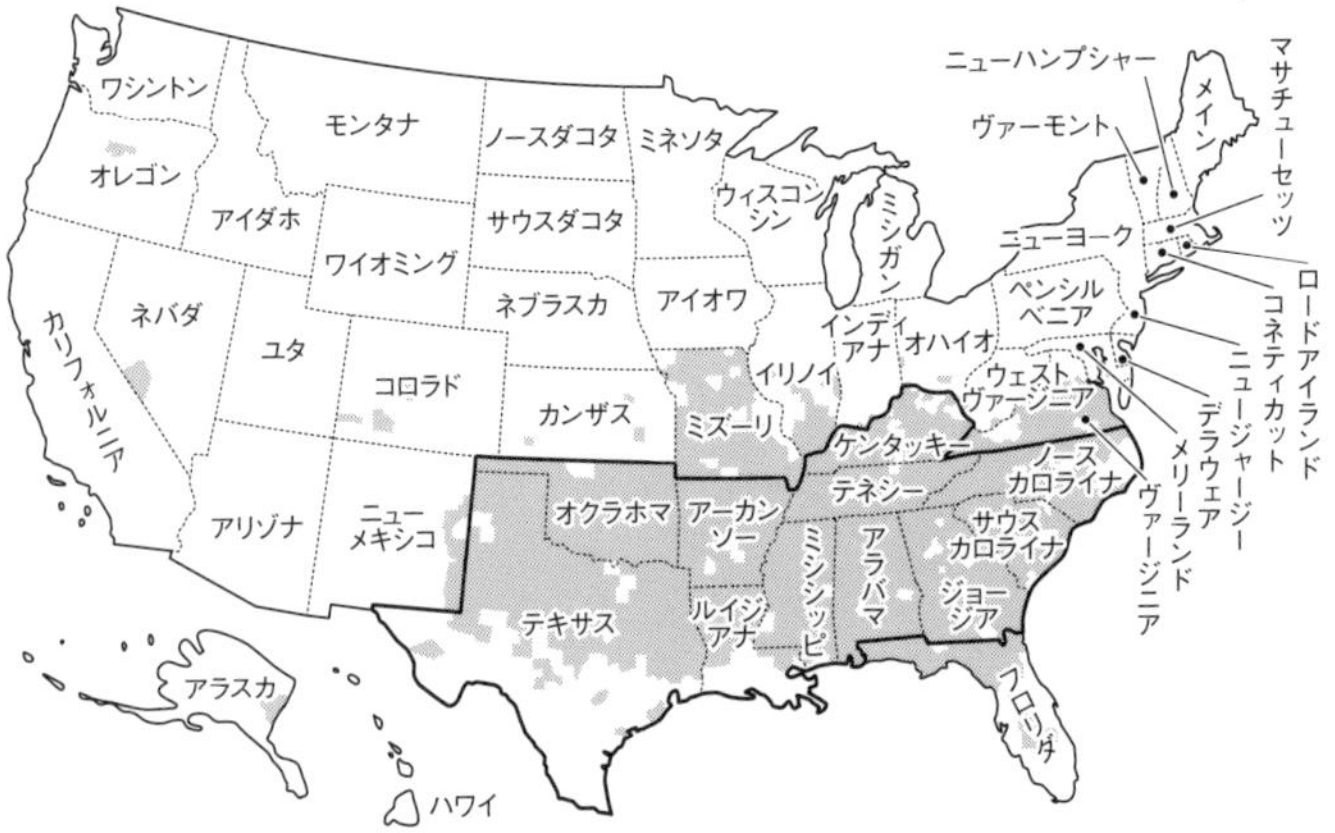


図2-1　太線で囲んだ地域が"バイブルベルト"で、南部バプテストの多い地域（▒の部分）とほぼ重なる
（2010 U.S. Religious Congregations & Membership Studyにもとづいて作成）

ーン・アゲイン）体験を持つ、③他者に福音を広げる義務を認識する、④聖書の無謬性を信じる、といったものである。[07] 回心体験とは、イエス・キリストとの個人的なつながりを持ち、そのことで救われた、すなわち再生した（ボーン・アゲイン）という宗教体験のことである。さらに福音派は価値や秩序に対し保守的で伝統的である。要するに福音派とは、ボーン・アゲインの経験を持ち、聖書の言葉を重視し、保守的な価値観を強く持つ人々といってよい。原理主義は福音派と重複する特徴を持ち、福音派の下位集団に位置づけられる。

特筆すべきは福音派の人口の多さだろう。ピューリサーチセンターの２０１４年調査によれば、福音派の人口は25・4％と、実に国民の４人に１人が福音派である。２０１８年のギャロップ調査では、国民の41％が福音派であると自己認識している。[08] 地域的に見た場合、「バイブルベルト」と呼ばれる南部のミシシッピ州、ヴァージニア州、アラバマ州などの地域は保守的な宗教色の強い、福音派が多い地域である。この福音派は共和党の大票田として、1970年代末に台頭する宗教右派による政治運動の支持母体となった。2020年現在も福音派の7割以上がトランプ大統領を支持しており、草の根レベルでの保守勢力といえる。

## 1970年代、社会のリベラル化と宗教右派の台頭

福音派が共和党の大票田になったのはなぜか。また、なぜ1970年代末に宗教右派が政治勢力として台頭してきたのか。それは、60〜70年代に進行した社会のリベラル化が主な要因である。

50年代のアメリカは国際的には第二次世界大戦後の冷戦による東西の緊張があったが、国内では経済大国としての自信と楽観主義に彩られた黄金時代であった。稼ぎ主（bread winner）としての夫と主婦としての妻、性別役割分業からなる家族が工業社会にとって不可欠とみなされた時代である。[09] その後、戦後のベビーブーマーたちが10代、20代になった60年代から70年代にかけて、アメリカ社会の価値観は大きく揺れ動くことになる。背景にあるのは、①公民権運動、②ヴェトナム反戦運動、③女性解放運動（第二波フェミニズム）、④同性愛者の権利運動、⑤カウンター・カルチャーの広がり、である。

公民権運動とは、人種差別の撤廃と基本的人権の確立を目指す黒人（アフリカ系アメリカ人）の運

図2-2　黒人学生の入学に対し、学校前で「人種混交は共産主義だ」などと書かれたプラカードを持って抗議する人々

動である。54年、連邦最高裁が、白人と黒人の子どもを分離して通学させる公立学校の人種別学は平等保護違反であり違憲であると判断した（ブラウン対教育委員会判決）[10]。また、57年には南部アーカンソー州リトルロックで白人のみが通っていた高校に黒人学生が登校しようとした際、州知事が州兵を出動させてそれを阻止しようとした。これに対し、アイゼンハウアー大統領は黒人学生を護衛するために連邦軍に出動を命じ、町は騒然となった。その後、マーティン・ルーサー・キング牧師が非暴力による公民権運動を展開し、人種差別の撤廃を訴えた（第1章参照）。それを民主党が支持し、64年には人種差別を禁止する公民権法が制定される。翌65年には選挙法が制定され、黒人の投票権が保障された（1870年に採択された連邦憲法修正第15条では人種による投票制限が禁止されていたが、識字テストや投票税などにより黒人の投票権は事実上制限されていた）。しかし公民権運動はその後ロサンゼルスやデトロイトで黒人による暴動に拡大し、白人保守層の不安を駆り立てた。また、この公民権法と選挙法を民主党のジョンソン政権が支持したことにより、南部福音派の白人層は民主党から離れ、共和党支持へと鞍替えした。以降、福音派は共和党を支持している。

ヴェトナム戦争は、55年に南ヴェトナムに成立したヴェトナム共和国と、60年に北ヴェトナムで結成された南ヴェトナム解放戦線との間に生じた内戦である。アメリカは「ドミノ理論」にもとづき共産主義拡大を防ごうと、64年にトンキン湾事件（アメリカ艦船が北ヴェトナムから攻撃を受けたとされる事件）を演出し、これを理由として65年に北爆を開始して、ヴェトナム戦争に本格的に介入していく。ヴェトナム戦争をめぐりアメリカ国内は支持と不支持に分かれ、特に若者の間でデモなどの反戦運動が広がった。2016年にノーベル文学賞を受賞した歌手ボブ・ディランの代表曲『風に吹かれて』は、ヴェトナム反戦運動の代表的なプロテスト・ソングである。

図2-3　NOW創立メンバー、左から2人目がベティ・フリーダン

60年代末から70年代にかけて盛り上がったのは女性解放運動である。きっかけは、フェミニストのライター、ベティ・フリーダンが63年に出版した『新しい女性の創造』であった。この本はアメリカ郊外に住む豊かな中産階級の主婦が無力感にさいなまれ鬱屈して生きていることを喝破し、女性解放運動のうねりが生じた。ちなみに、19世紀末に生じた女性参政権獲得を主目標とした運動を第一波フェミニズム、60年代末に展開された女性解放運動を第二波フェミニズムという。第二波フェミニズムは「個人的なことは政治的なことである The personal is political」というスローガンにみられるように、個人が抱える問題そのものよりも、問題を生じさせている社会に目を向けた。豊かな暮らしを送る中産階級の主婦がなぜ空虚感にさいなまれるのか。それは、男は仕事、女は家事育児に向いているとして彼女らを家庭に縛りつける性別役割や、女性蔑視がはびこり理不尽な侮蔑に耐えねばならない社会構造や、女性の社会参加を阻む法律があるからである。66年には女性差別撤廃を目指す「女性のための全国機構 National Organization for Women」が結成され、この組織は瞬く間に数万人の会員を擁する全米最大の女性運動組織へと成長した。「女性のための全国機構」はメディアを活用し、男性専用レストラン・バーでの座り込みや新聞社前でのピケ、ミス・コンテストへの抗議などを行った。[11] 72年には連邦議会で性差別禁止を連邦憲法に盛り込むための「男女平等権修正 Equal Rights Amendment」が連邦議会両院の3分の2以上の賛成を得る。連邦憲法を修正するには連邦議会による提案と全米50州の4分の3以上（38州）の採択が必要だったが、男女平等権修正は35州の採択にとどまった。それゆえ現在でも連邦憲法には男女平等や性差別の禁止は規定されていない。

第1章で言及したように、公民権運動やフェミニズムのこうした動きに影響を受け、同性愛者も権利運動を展開するようになっていく。社会学者トッド・ギトリンの記述を引用してみよう。

〔女性解放運動の〕すぐ後を追って盛り上がった同性愛者の解放運動も、同じような線を辿った。

まず、警察の暴力と同性愛者に対する侮辱からの防衛として出発した。続いて、あぶり出され、化け物扱いされ、抑圧されてきた同性愛というカテゴリーそのものに立つ独自の文化を主張する方向に進んでいったのである。同性愛者の世界は恐怖、罪悪感、自己嫌悪に満ちていたから、それらと決別する喜びが新しい感情の核となった。新しいアイデンティティはゲイであった。同性愛者たちはヒッピーやボヘミアンの屯《たむろ》する地域に根拠地をつくり、ゲイバーや交流の場、出版物、劇場、教会、作家、コメディアン、専門的サービス、そして最後には政界への代弁者まで揃えていった。[12]

こうした鮮やかな描写から、当時の同性愛者の権利運動が活気に満ちていたことや、ゲイという新たなアイデンティティの獲得が彼ら彼女らの自己肯定感の源泉となり、社会の中での存在感を強めていったことがわかる（アメリカでは、「ゲイ」に女性同性愛者も含まれる）。

また60〜70年代に流行したヒッピーという若者のファッション、マリファナ使用の拡大、性革命といったカウンター・カルチャーは社会の価値観に大きな変化をもたらした。若者の間には同棲が増え、メディアには性的イメージが多用されるようになった。「婚前交渉は不道徳である」と考える人の割合は1959年には8割だったが、73年には5割未満に減少した。[13] 70年代には各州が家族法を改正し、夫婦関係の破綻にもとづく離婚を認める破綻主義が導入されたことで離婚が増加した。

一人親の増加とともに婚外子につきまとうスティグマも緩和され、法律婚夫婦とその子からなる伝統的な家族形態を支える社会構造が変化していった。

福音派を含む保守層の人々にとって、こうした社会のリベラル化は道徳的退廃と受け止められた。[14]彼ら彼女らの憤りや不安を掬い取り、政治的アジェンダへと押し上げる役割を担ったのが、70年代末から80年代にかけて台頭する宗教右派である。

## 政治勢力としての宗教右派

政治学者のジョン・グリーンは、宗教右派を「福音派プロテスタントの間に集中し、公共政策での"伝統的価値観"の復権に尽力する社会運動」と定義している。また、同じく政治学者の蓮見博昭は、宗教右派を「広義の福音派の一部を中心とする伝統的諸価値の擁護・増進のための諸教派横断的な政治・社会運動」と定義する。[15]すなわち宗教右派とは、主に福音派プロテスタントの人々により形成される、伝統的価値観の復活を目指す運動である。ちなみに、「福音派」と「宗教右派」はほぼ同じ意味である。本書では、おおむね「宗教右派」を保守的な政治勢力として活動する宗教団体について用い、「福音派」を宗教団体および宗教団体を支持する草の根の人々も含む、より広い意味として使用する。また、宗教を問わず保守的な価値観を持つ人々を広く総称する場合は、「保守派」と表現する。

なぜ宗教右派は1970年代末に社会運動を形成し、政治に接近しはじめたのだろうか。先述した60～70年代にかけての社会のリベラル化は福音派を中心とする保守派の反発を引き起こした。加えて宗教右派が台頭した要因として、次のものがあげられる。[16]

第一に、連邦最高裁のリベラルな姿勢に、伝統的価値観を重視する福音派が不満を募らせたことである。連邦最高裁は62年、公立学校で宗教的祈りを強制することは明らかな宗教的行為であり、連邦憲法修正第1条国教樹立禁止条項に違反すると判断した。[17] また、73年のロウ対ウェイド判決[18]では妊娠初期の中絶をプライヴァシー権として認めた。これらの判決は、福音派からすれば自らの価値観が否定されるような内容であった。ちなみに中絶容認派をプロ・チョイス（選択賛成派）、中絶反対派をプロ・ライフ（生命重視派）という。プロ・チョイスは女性の自律的決定と選択を重視する観点から中絶を容認するが、プロ・ライフからすれば中絶は神の与えた生命を奪う殺人にほかならない。それゆえ、妊娠中絶問題は現在に至るまでアメリカ国民の価値観を二分する文化戦争最大の争点となっている。

第二に、第39代大統領を務めたジミー・カーターが、76年の大統領選挙で自らを福音派、ボーン・アゲインであると発言したことである。[19] 70年代はヴェトナム戦争や72年のウォーターゲート事件（ニクソン大統領の盗聴疑惑）によって、国民の間で政治に対する不信が高まっていた。特に道徳的な指導者を望む福音派は、敬虔な信者であることをアピールするカーターに期待を込めて支持したのである。確かにカーターは南部バプテストの熱心な信者であったが、政治的にはリベラルだった。大統領就任後、彼は同性愛者の権利擁護、妊娠中絶肯定などのリベラルな姿勢を打ち出し、福音派は大いに失望した。

図 2-4 第 39 代大統領ジミー・カーター

第三に、60年代末にニクソン政権がとったソ連との緊張緩和と、イスラエル支援の相対的低下があげられる。無神論の共産主義と協力することは、神学的には忌むべき行為であった。また、イスラエルは聖書に約束された神が祝福する地であるため、イスラエルを支援することは福音派にとって、自らも神の祝福を受ける行動であると考えられている。[20] これらの要因を背景として、78年、カーター政権下で内国歳入庁（Internal Revenue Service）が宗教系私立学校への免税特権を廃止しようとしたことに対する反対運動をきっかけに、福音派の運動組織化が進んでいく。[21]

80年代に盛り上がる宗教右派台頭の中心は、テレヴァンジェリスト（テレビ伝道師）である。テレヴァンジェリストとは、テレビやラジオを通じて福音派の信仰を訴えかける牧師のことである。背景には70年代に発達したテレビの多様化とケーブルテレビの普及がある。日曜の朝に放送される宗教番組では、テレヴァンジェリストが視聴者に温かく語りかけたり、視聴者からの相談に答えたり、大勢の人々が讃美歌を歌うシーンが流れたりする。宗教学者の森孝一によれば、こうしたテレヴァンジェリストの番組（テレビチャーチ）を見ている人々の割合は81年の世論調査で32％[22]、約８千万人である。テレヴァンジェリストの集める献金額も非常に多額で、森によれば、有名なテレヴァンジェリストのパット・ロバートソン（１９３０―）、ジェリー・ファルウェル（１９３３―２００７）、ジム・ベイカー（１９４０―）が78年に集めた献金額は1億5千万ドルにのぼり、これは76年の大統領選挙で民主・共和党双方が使った選挙費用の約2倍にあたる。[23]

80年代の代表的な宗教右派団体には、モラル・マジョリティ（道徳的多数派 Moral Majority）、イーグル・フォーラム（Eagle Forum）、フォーカス・オン・ザ・ファミリー（Focus on the Family）、家族調査評議会（Family Research Council）などがある。

モラル・マジョリティは79年、バプテストの牧師で有名なテレヴァンジェリストのジェリー・ファルウェルにより設立された。設立を働きかけたのは、ニューライトの政治活動家（のち共和党政治家）で、73年に保守系シンクタンクのヘリテージ財団を設立したポール・ワイリック（１９４２―２００８）である。ニューライトとは、70年代後半に声を上げ始めた保守主義の総称である。連邦政府の肥大化を批判する財政保守主義者や反共主義者など、ニューライトの面々は民主党のカーター政権から政権を奪取するため、様々な戦

図2-5　モラル・マジョリティ代表のジェリー・ファルウェル

略を練っていた。ワイリックは、カーター大統領の示すリベラルな姿勢に福音派が思った以上の不満を抱いていることに気がついた。たとえばカーターは多様な家族がありうるとの見解を示し同性愛者に肯定的であったが、福音派にしてみれば多様な家族を認めることは聖書の教えに反するし、同性愛擁護などもってのほかだった。カーターはボーン・アゲインを騙った裏切り者だ――こうした憤りが福音派に広がっていた。そこで、ワイリックはひらめいたのである。

ちょっと待てよ。福音派はそこいらにたくさんいるけど、組織化されていない。彼らを取り込んで組織化して、投票してもらおう。何が起こるか見てやろう。[24]

それは、ニューライトら保守主義と彼らが支持する共和党が、これまで膨大な数として存在しながらも政治的に顧みられなかった福音派という大票田に気がついた瞬間でもあった。こうして設立されたモラル・マジョリティの政治目的は、プロ・ライフ、プロ・ファミリー（伝統的家族擁護）、反国防擁護、イスラエル擁護であった。[25] 代表のファルウェルはテレビでの説教を通じて反同性愛、反妊娠中絶、反ポルノなどを訴えた。その主張は、性革命やフェミニズムの進展、離婚の増加などがもたらす家族の解体、社会秩序の乱れが社会道徳の衰退をもたらすと考え、伝統的価値観の崩壊に強い危機感を覚えていた福音派の心に響くものであった。モラル・マジョリティは急速に成長し、

80年の段階で年間予算5600万ドル（現在の価値で約111億円）、聖職者7万人、会員数350万人を抱える規模の団体となる。[26] ファルウェルの呼びかけで2千万人が有権者登録をしたとされ[27]、福音派は80年の共和党レーガン政権の成立に寄与したといわれている。[28]

イーグル・フォーラムは、保守派の弁護士でカトリックのフィリス・シュラフリー（1924―2016）が設立した団体である。シュラフリーは反フェミニズムの立場から男女平等権修正（ERA）に反対して「ストップERA」キャンペーンを展開し、連邦憲法修正の阻止を訴えた。テネシー州とテキサス州を除く南部の州がいずれも男女平等権修正に反対した結果、州と連邦政府に性差別を禁じる連邦憲法修正は実現されなかった。[29] イーグル・フォーラムは現在も、反フェミニズム、反同性婚（伝統的家族擁護）、反銃規制を掲げて活動している。また、フォーカス・オン・ザ・ファミリーは77年に児童心理学者のジェイムズ・ドブソン（1936―）が設立した、伝統的家族の価値の復権を政策課題に掲げる宗教右派団体である。ドブソンは子育てに関するラジオ番組で人気を博し、その番組名と同じ名称の団体を設立した。アメリカ研究者の上坂昇によれば、フォーカス・オン・ザ・ファミリーのラジオ放送は世界164ヵ国の6300局、北米では3400局、15ヵ国語で毎日放送され、公称では2億2千万人が聴いているとされる。[30] また、家族調査評議会は、81年にレーガン大統領の国内政策アドバイザーであったゲイリー・バウアー（1946―）がワシントンに設立した宗教右派団体である。

図 2–6　アニタ・ブライアント

図 2–7　「子どもたちを守れ」キャンペーンの募金カード

## 「子どもたちを守れ」キャンペーン

1970年代末の宗教右派は、同性愛者の可視化や権利拡大に対しどのようなバックラッシュ（反同性愛キャンペーン）を展開したのだろうか。この時期のバックラッシュの特徴は、同性愛者を子どもに性的暴行を加える者（child molester）と位置づけている点である。

77年、フロリダ州マイアミのデイド郡で、性的指向にもとづく住居、公共施設の利用、雇用差別を禁じる条例が制定された。この条例に反対の声をあげたのが元ミスアメリカで歌手、熱心な南部バプテスト信者のアニタ・ブライアント（1940—）であった。ブライアントは「子どもたちを守れ Save Our Children」という組織を作り、同性愛者に市民権を認めれば、子どもを誘惑して同性愛者にしてしまったり、子どもに性的いたずらをする、と主張した。同性愛者は生殖ができない。彼らがコミュニティを存続させるためには新しいメンバーを誘惑して加えていくしかない。そう、あなたの子を。

「子どもたちを守れ」は20万ドルを集め、少年ポルノの写真を売ったカメラマンや青少年をレイプしたボーイスカウト隊長を取り上げた条例反対の広告をあふれるほどに流した。ブライアントは、このキャンペーンは「聖なる闘いであって、一方には不可知の無神論者、不信心者がいて、一方には神を信じる人々がいる」と宣言した。[31] 条例案撤回のための住民投票を望む署名は規定の1万人をはるかに超える6万人分が集まり、その後の住民投票で条例は撤回された。[32]

こうした同性愛者の権利条例が撤回されたのはデイド郡が初めてではない。74年にもコロラド州ボルダーで同性愛者の権利条例が住民投票で撤回され、条例を支持した議員はその直後に解職請求により離職している。一方、「子どもたちを守れ」キャンペーンは歌手でテレビにも出ていたブライアントの働きかけで全米中の注目を集めた。ブライアントは同性愛者問題について全米で講演し、デイド郡の住民投票後も同性愛者と闘うための国レベルの委員会を設立し、同性愛者の権利条例撤回を促進するための全米ツアーを始めると宣言した。ブライアントは同性愛者問題を憂慮する2万通の手紙を全米から受け取ったという。翌78年には、5つの地方自治体で同性愛者の権利条例案が住民投票で撤回された。[33]

さらに一歩進んで、同性愛者を公的機関や公立学校からあらかじめ排除しようとする動きが出てくる。第1章で述べたように78年、カリフォルニア州では、州上院共和党議員のジョン・ブリッグスがブリッグス・イニシアティブ（提案6号）を提案した。ブリッグス・イニシアティブは、「学校児童や同僚の教師に向けて、あるいはその注目を得ようとして、公的あるいは私的な同性愛活動を擁護、嘆願、押しつけ、あるいは助長、促進した者」を公立学校から解雇するという内容であった。ブリッグスは、同性愛者の教師は公共文化を汚すと主張するのみならず、同性愛を擁護した異性愛者の教師も同様に解雇されるべきとの考えだった。ちなみにブリッグスは前年、ブライアントの「子どもたちを守れ」キャンペーン支援のため、フロリダに赴いている。ブリッグス・イニシアティブはカリフォルニア州全体で50万人の署名を集めたが、異性愛者にまで影響が及ぶことを理由に前カリフォルニア州知事ロナルド・レーガン（１９１１―２００４）（のち大統領）が反対を表明し、78年11月の投票で否決された。[34] ブリッグス・イニシアティブが僅差で否決されたことは、同性愛者たちに権利の保持や進展のためにはより一層の運動の組織化が不可欠であるとの教訓を与えた。以降、同性愛者の権利運動の組織化がさらに進んでいく。[35] 一方、ブライアントの住んでいたオクラホマ州では、州議会が「公の場での同性愛活動」または「公の場での同性愛行為」をした公立学校教師あるいは助手を教育委員会が停職もしくは解雇できるとする法律をほぼ満場一致で可決した。[36]

ここまで、１９６０～70年代に生じた社会のリベラル化が福音派を中心とした保守層に道徳的秩序の衰退、家族の崩壊といった不安をかき立て、その不安を掬い取った宗教右派団体が政治勢力として伸長していく80年代の状況についてみてきた。80年代末にはテレヴァンジェリストらの不倫や買春などのスキャンダルが相次いで発覚したほか、団体内部の分裂もあり、宗教右派の勢力は衰える。宗教右派が再び勢力を持ち、共和党に影響力を及ぼしていくのは90年代後半である。

# 第3章　エイズ・パニックから婚姻防衛法へ——1980年代からの変化

## エイズ・パニックと差別の激化

1990年代以降、同性愛者の権利運動の中で同性婚の実現が主たる目標となっていく。それはなぜだろうか。歴史学者のジョージ・チョーンシーは背景として、80年代から90年代にかけてのエイズ・パニックと、同時期に生じたレズビアン・マザーブームをあげている[01]。

エイズ・パニックが吹き荒れた80年代前半は、70年代のゲイ解放運動にみられた開放的な雰囲気とは対照的に、同性愛者が先の見えない不安や、あからさまな嫌悪や差別にさいなまれた時期であった。エイズ・パニックはどのような経緯をたどったのだろうか。

80年10月から81年の5月にかけ、ロサンゼルスの病院で患者が相次いで亡くなった。全員が性行動の活発な若いゲイ男性だった。続く数ヵ月のうちに26人がカポジ肉腫という珍しいガンと診断された。患者の多くはニューヨーク、サンフランシスコ、ロサンゼルスといった、いずれも70年代の

図3-1　ラリー・クレイマー

ゲイの権利運動を牽引した都市に住むゲイ男性だった。82年までにエイズ（後天性免疫不全症候群）と診断された患者数は600人以上に上り、3分の1以上が命を落とした。[02]

原因不明の病気で、免疫力を失ったゲイ男性がカポジ肉腫やカリニ肺炎でバタバタと亡くなっていく。当時、効果的な薬はまだ見つかっていなかった。人々のエイズに対する恐怖は、感染源とみなされた同性愛者に対する強い排除、偏見、暴力となって現れた。当初、エイズはゲイ免疫不全症候群（GRID, Gay-related Immune Deficiency）という病名がつけられたが、この名称自体に同性愛者がかかる病気であるとの偏見が表れている。エイズ患者は病院で排泄物も処理されずに放置され、家族は見放し、葬儀会社は葬儀のとりおこないを拒否したという。81年、こうした悲惨な状況に対処するため、作家、脚本家のラリー・クレイマー（1935―2020）はニューヨークで「ゲイ男性の健康危機　Gay Men's Health Crisis」というグループを立ち上げた。「ゲイ男性の健康危機」は24時間体制のホットラインでエイズに関する相談を受けつけ、医療情報の提供やリーフレット配布のほか、エイズ患者を敬遠する家族に代わって掃除や食事の準備などをし、患者の死亡時には葬儀もとりおこなう活動を始めた。ゲイ、レズビアン、ストレート女性などの500人にのぼるボランティアが、忌避され打ち捨てられた患者たちの生活を支えた。[03]

保守派は神の裁きだと声高に同性愛者を非難した。なぜなら新約聖書のロマ書では、「男は男に対してみっともないことをはたらき、その過ちにふさわしい報酬をみずから手にしたのである」(1章27節)[04]との記述があるからである。右派のコラムニストであるパトリック・ブキャナンは、エイズは自然が報いを与えている証拠だとして、同性愛者は「道徳的脅威」なだけではなく、「公衆衛生に対する脅威」であると述べ、保守派ジャーナリストのウィリアム・バックリーは「エイズ発症者には入れ墨を入れるべき」と『ニューヨーク・タイムズ』紙で提案した。[05]モラル・マジョリティ代表のジェリー・ファルウェルは、エイズを同性愛者に対する神の裁きであると特徴づけた。モラル・マジョリティの回報は、「性解放により形成されたゲイという鶏が裏庭にねぐらをつくり、皆を危険にさらしている。その鶏の病気が蔓延するねぐらは破壊されねばならない。強力なソドミー禁止法が、この必要な公衆衛生の目標を達成できる」[06]と強い公的対応を主張している。

85年、レーガン大統領の友人でハリウッド俳優のロック・ハドソンがエイズで死亡した。美貌でならしたハドソンがエイズで死ぬまで、エイズはあくまでも同性愛者の病気とみなされ、国の対策は遅れていた。レーガン大統領がエイズに言及する86年までに、すでに2万人以上が亡くなっていた。同年、連邦司法省はエイズ感染者の解雇を認める通達を出した(通常の接触でエイズは感染しないにもかかわらず)[07]。

すでに4万人以上がエイズで死亡していた87年、首都ワシントンのワシントン広場で、エイズ追

図3-2　1990年、メリーランド州にあるアメリカ国立衛生研究所の前で行われたアクトアップのデモ

悼キルト（The AIDS Memorial Quilt）と呼ばれる展示があった。広場に並べられた数千枚のキルトには、エイズで死亡したのは単なる同性愛者ではなく、1人1人が家族から愛された人間であったことに力点を置くメッセージが刺繍してあった。[08] 87年以降、ロサンゼルスやサンフランシスコ、シカゴやボストンで自発的にアクトアップ（ACT UP, Aids Coalition to Unleash Power）と呼ばれる組織が設立される。アクトアップは、ナチスのホロコーストで犠牲になった同性愛者の象徴であるピンクトライアングルをシンボルに、「沈黙は死である Silence＝Death」とのスローガンを掲げ、腰の重い行政に対しエイズの新薬承認などを求める抗議活動を行った。アクトアップの特徴は、エイズによる死をほうふつとさせる倒れこみ（lie-in）で、抗議の姿勢を示したことである。[09]

エイズ・パニックは、同性愛者コミュニティのつながりをかつてなく強めた。一方、差別や排除に直面した同性愛者たちは自分たちの関係性が法により全く保護されていないことを痛感し、相続や家屋の承継、パートナーシップといった権利の重要性を認識するようになる。

また、1980年代以降、人工授精などの生殖補助技術や養子縁組などによりレズビアンカップルが子どもを育てるケースが多くなる。そこで子どもと血のつながりのない同性パートナーは子どもにかかわる権利をどう保持するか、安全に子どもの養育に携わるにはどうすればいいか、といった問題が生じてきた[10]。これらの実生活に即した差し迫ったニーズが、自分たちの関係を家族として認めてほしいという、同性婚を求める動きへと集約されていった。

## ソドミー法かプライヴァシーの権利か——ボワーズ対ハードウィック判決（1986年）

第1章で言及したように、同性愛行為（特に男性間のアナルセックス）はソドミー法により犯罪とされてきた。しかし、その行為で誰かが傷つくのかといえば、誰も傷つかない。密室で行われる行為であれば社会秩序を乱すわけでもない。そうした行為を伝統的、宗教的に不道徳とされてきたからという理由で罰していいものだろうか。19世紀イギリスの哲学者ジョン・スチュアート・ミル（1806—73）は、主著『自由論』で、ある人の自由を制限するのは他者への危害防止に限られるべきだとする、他者危害原理という考えを提示している。

文明社会では、相手の意に反する力の行使が正当化されるのは、ほかのひとびとに危害が及ぶのを防ぐためである場合に限られる。[11]

この他者危害原理にもとづけば、他者を害することのない同性愛行為をソドミー法で罰する必要はない。1955年、アメリカ法律家協会はミルの他者危害原理にもとづいて、モデル刑法典でソドミー法の非犯罪化を主張している。私的空間での合意にもとづくソドミー行為は世俗的利益を害するものではなく、他者を傷つけない限り国家から干渉されるものではないからである。[12] このようにソドミー行為の非犯罪化は国家から不当に干渉されない権利、すなわちプライヴァシー権に依拠して主張されてきた。しかし連邦憲法にプライヴァシー権は明文で規定されていない。では、どうすればプライヴァシー権を主張できるのだろうか。

連邦憲法修正第5条および修正第14条は、「法の適正手続《デュー・プロセス》なしに、生命、自由、または、財産を奪われることはない」と規定する（修正第5条は連邦政府への制約、修正第14条は州政府への制約である）。このくだりを、明文根拠はないが個人が生まれながらにして持つ重要な基本的権利を実体的に（実質的に）保障するものだとみる考え方がある。これを実体的デュー・プロセス理論という。すなわち、個人は生まれながらにしてプライヴァシーという基本的権利を持っている。公権力は個人のプライヴァシーに不当に介入すべきではない。そのことを連邦憲法修正第5条あるいは修正第14条が保障している、と解釈するわけである。日本でもプライヴァシーの権利は憲法上明記されていないが、憲法第13条の幸福追求権から導かれる憲法上の権利として認められている。

実体的デュー・プロセス理論にもとづきプライヴァシーの権利を初めて認めたのは、1965年のグリズウォルド対コネティカット連邦最高裁判決[13]である。連邦最高裁は、夫婦間の避妊具使用を禁じるコネティカット州法は夫婦のプライヴァシーの権利を侵害しており、違憲であると判断した。連邦憲法は結社の自由などの各種基本的権利を保障するが、それらの保障内容から公権力が介入しえないプライヴァシー領域が形成される。夫婦関係はこのプライヴァシー領域内にあるが、州が避妊具の使用を禁じることは夫婦の関係性に破壊的な影響を及ぼしてしまう。連邦最高裁はそう判断したのである。また72年、連邦最高裁はアイゼンシュタット対ベアード判決で避妊具を使用する権利を婚姻していない個人にも拡大した。最高裁は述べる。

もし、プライヴァシー権が何かを意味するのであれば、それは既婚者であれ独身であれ、子どもを持つかどうかという決定のような、人に根本的な影響を与える問題に対して政府の不当な介入から自由であるという個人の権利を意味する。[14]

アイゼンシュタット判決ではグリズウォルド判決から一歩踏み込んで、国家の不当な介入から守られるべき個人の基本的権利としてプライヴァシー権が位置づけられた。73年のロウ対ウェイド判決では、連邦最高裁は、母体保護の場合を除き人工妊娠中絶を禁じるテキサス州法は、女性が中絶するかどうかを自分で決定するというプライヴァシー権の侵害にあたり、違憲であると判断した。これらの判決にのっとり、婚姻関係によらない親密な関係もまた憲法上保護されるプライヴァシー権に含まれると考えるならば、同性愛者の親密な関係も当然そこに含まれるだろう。

しかし連邦最高裁の判断は逆であった。エイズ・パニックで同性愛者に対する差別や嫌悪が強まる中、86年に連邦最高裁はボワーズ対ハードウィック判決[15]で、ソドミー行為を罰することはプライヴァシー侵害にはあたらず合憲であると判断したのである。

82年、ジョージア州でマイケル・ハードウィックという青年が自室で同性愛行為を行っていたところを警察に発見され、州のソドミー法にもとづき逮捕された。その後不起訴処分となったが、ハードウィックは自室で成人同士が合意にもとづいて行うソドミー行為を犯罪とするソドミー法はプライヴァシー侵害にあたるとして訴えた。連邦最高裁はソドミー法を合憲と判断した。

ちなみに、連邦最高裁は計9名の裁判官から構成され、裁判官同士の議論ののち過半数の支持を得た意見が法廷意見、すなわち判決となる。それぞれの裁判官は法廷意見に自己の見解をつけ加えたい場合に同意意見を出せるほか、法廷意見の結論に反対する裁判官は反対意見を出すことができる（詳細は第5章参照）。ボワーズ判決の法廷意見（ホワイト裁判官執筆）はどのようなものだったのだろうか。簡潔に箇条書きにしてみよう。

1　本件で問われているのは、連邦憲法は同性愛者がソドミーを行う権利を付与しているのか、そしてソドミーを違法とする多くの州法を無効とするのか、である。

グリズウォルド判決やロウ判決といった先例と、本件で主張された同性愛者がソドミー行為を行う基本的権利（プライヴァシー権）という主張になんら類似性はない。

2　高度の法的保護を受けるに値する基本的自由は、自由や公正が成り立つに不可欠なもの、または「我が国の歴史と伝統に深く根ざすもの」として特徴づけられるが、いずれも同性愛者がソドミーを行う自由には拡張されないことは明らかである。

3　61年までアメリカ全州にソドミー法があり、今日でも24州およびワシントンDCで、成人間の合意にもとづく私的なソドミー行為を罰している背景に照らせば、この行為が「我が国の歴史伝統に深く根ざした」とか、「秩序づけられた自由概念に含まれる」とみるのは、せいぜい滑稽なことでしかない。

4　連邦憲法修正第5条および修正第14条のデュー・プロセス条項に依拠して実体的権利〔プライヴァシー権〕を拡大することに裁判所は抑制的であるべきであり、本件で主張される権利はこの抑制を克服するにはまったく不十分である。

要するにホワイト裁判官は、同性愛者の行うソドミー行為はプライヴァシーで保護される範囲には含まれない、そんな主張は滑稽であると判断したのである。他方、ブラックマン裁判官は反対意見で次のように述べる。

1　本件は「ひとりで放っておいてもらう権利 the right to be let alone」、すなわちプライヴァシー権の問題である。ハードウィックの主張は憲法上のプライヴァシー権を基礎づける価値に照らして判断されるべきだった。

2　連邦最高裁が否定したのは、他者との親密な結合の性質をコントロールするという、あらゆる個人が持つ基本的利益である。個人が自宅で親密な関係を行う権利は、憲法上のプライヴァシー保護の核心であるように私には思える。

3　個人から親密な関係についての選択権を奪うことは、非協調への寛容が示すよりも、我が国の歴史にもっとも深く根差した価値〔自由〕にとってははるかに脅威となる。

読者の皆さんは、どちらが説得力ある意見だと思うだろうか。ボワーズ対ハードウィック判決は連邦最高裁がソドミー行為の合憲性を初めて扱った事件であったが、プライヴァシー権が認められるだろうとの大方の予想を裏切るものだった。この判決の影響は小さくはなかった。同性愛者は司法手続よりも政治過程に働きかけて状況の改善を図ろうとするようになった。また、権利を訴える際は連邦裁判所よりも州裁判所に提起されることが多くなり、プライヴァシーではなく平等保護にもとづく権利主張が主流となった。連邦最高裁がボワーズ対ハードウィック判決の論理を変更して、ソドミー法を連邦憲法上違憲であると判断するのは17年後、2003年のローレンス対テキサス判決においてである。

## 同性愛は特別な権利？――コロラド州憲法修正案修正2

前節でみたように、ボワーズ対ハードウィック判決ではプライヴァシー権に依拠して同性愛者の権利を訴えることが否定されてしまった。では、どうすればいいか。もう一つの方法は、連邦憲法修正第14条平等保護条項に依拠することである。つまり、同性愛者差別は性的指向にもとづく差別であると主張するのである。1990年代以降、同性愛者の権利をめぐる訴訟ではこうした平等の訴えが用いられるようになった。

また、保守的な南部よりも都市部のほうが制度を変えやすいと気がついた同性愛者たちは、各自治体に性的指向にもとづく差別を是正するよう働きかけた。[16] 72年にミシガン州へネピン郡で全米初の同性愛者の権利条例が成立、82年にはウィスコンシン州で、州レベルで初めて性的指向にもとづく差別を禁じる法が制定された。以降93年までにマサチューセッツ州やコネティカット州など139の自治体で同性愛者の権利を保護する法律や条例が制定された。[17] 90年、コロラド州では州知事が州公務員の雇用で性的指向にもとづく差別を禁じるとする知事命令を出した。こうした変化を懸念し、保守勢力が動く。

第2章で言及した宗教右派団体フォーカス・オン・ザ・ファミリー代表のジェイムズ・ドブソンが立ち上げに関わり、コロラド州で保守団体コロラド家族の価値（Corolado for Family Values）が組織された。コロラド家族の価値はイーグル・フォーラム、アメリカを憂慮する女性連盟といった宗教右派団体から支援を受け、同性愛者の権利進展をくつがえすために州憲法修正案修正2（Amendment 2）を起草した。

ちなみにタウンミーティングや地方自治を重視するアメリカでは、3分の2以上の州の州憲法に住民投票についての規定がある。住民投票とは、ある争点について住民が直接投票で是非を判断する制度である。日本もアメリカの住民投票制度をモデルとして、憲法および地方自治法等で住民投票が認められている。コロラド州の場合、州憲法で住民に州憲法と州法について修正や提案を行う権利が保障されている。[18] 住民が州憲法修正案を提出し、ただちに賛否を問う住民投票にかけられ、過半数の賛成があれば州憲法の修正が成立する直接憲法修正発案も認められている。[19]

コロラド家族の価値が起草した修正2は次の通りである。

ホモセクシュアル、レズビアン、あるいはバイセクシュアルな指向にもとづく保護的地位は認められない。コロラド州は、その部門、部局を通じ、あるいはその機関、政治機構、地方公共団体、学校区において、ホモセクシュアル、レズビアン、バイセクシュアルな指向、行為、ふるまい、関係性をもって、マイノリティの地位、クォータ選好、保護的地位、差別の主張の根拠となり、あるいは、そのような権利を与えることになる制定法、規則、条例、政策を、制定、採用、施行してはならない。

要するにこの修正2は、同性愛者を保護する一切の法律、条例、政策を禁じるという内容であった。もしこの法案が通れば、私人の雇用主は性的指向を理由に同性愛者の採用を拒否し、解雇することが可能になる。レストラン、ホテル、電気、ガス、水道など、万人が使用する場所やサービスで同性愛者に対してサービスを拒否することもできる。また行政がサービスを提供するにあたり、同性愛者を不利益に扱うことも可能になってしまう。[20] コロラド家族の価値など保守派の主張は次のようなものであった。

1　同性愛者には経済的に裕福な人、学歴がある人もいるのだから、彼ら彼女らが求めているのは平等ではなく、むしろ特別な権利（special rights）である。

2　性的指向は生まれつきの傾向というよりも選択した行動であり、市民的権利として擁護するに値しない。[21]

コロラド州で住民投票となる議案を提案するには有権者5％以上の署名（当時4万9千人）を集める必要があったが、コロラド家族の価値は8万4千人の署名を集めた。[22] １９９２年11月の住民投票を経て、コロラド州は州憲法を修正する。しかし、施行前にアメリカの代表的な人権団体であるアメリカ自由人権協会（American Civil Liberties Union）とコロラド州の権利擁護団体により、平等保護違反であるとして州地裁に訴訟が提起された。ちなみにこの訴訟には、有名テニスプレーヤーでオープンリー（性的指向を明らかにした）・レズビアンであるマルチナ・ナブラチロワもかかわっている。州最高裁が修正2の施行を禁止したあと裁量上訴（連邦最高裁に最終判断を求める手続。4名の裁判官が審理に賛成すれば、事件移送令状《サートシオレアライ》 Certiorari が受理される）が出され、連邦最高裁が審理を行うこととなった。これが、96年のローマー対エヴァンズ判決[23]である。連邦最高裁は修正2を次の理由から連法憲法修正第14条平等保護条項違反であると判断した。最高裁判決（ケネディ裁判官執筆）を箇条書きにしてみよう。

1　修正2は、私的領域に限らずコロラド州のあらゆるレベルで同性愛者を差別から保護する法律や政策を撤回し、禁じるものとして作用する。

2　修正2は影響を受ける人々に対する敵意以外によっては説明できない。修正2は一つの特徴によってある人々を特定し、彼らに対する保護を全面的に禁じるものである。そうした法は、それ自体が文字通り法の下の平等を否定するものである。

3　修正2は何らかの特定された正当な目標または具体的な目的に向けられたものということはできない。適切な立法目的を促進するためでなく、他の人々より不利にするために同性愛者を区分するものと結論づけざるをえない。修正2は、連邦憲法の平等保護条項に違反する。

ローマー対エヴァンズ判決で問題となったのは、州憲法という法規範が同性愛者を不利に扱っても構わないかどうかである。ある法律が連邦憲法に違反しないかどうかが問われる場合、アメリカでは三つの違憲審査基準が用いられる。もっとも厳しい審査基準（違憲判断が出やすい）を厳格審査、その次に厳しい審査基準を中間的審査、もっとも緩やかで合憲の判断が出やすい審査基準を合理性基準という。合理性基準の下では、立法目的が正当な政府の利益を促進するのであれば、法が賢明なものではなかったり、特定の集団に不利に働いたり、正当化根拠が薄い場合でも通常は合憲とされる。しかし連邦最高裁は、修正2は、同性愛者は何ら法的保護を受けないと一般的に宣言することで、「法は正当な政府の目的と合理的な関係をもつべきである」との原則から外れていると結論づけた。そして、もっとも緩やかな合理性基準の下でも修正2に正当な目標や具体的な目的があるとみることはできないとして、平等保護条項違反であると判断したのだった。[24]

このローマー対エヴァンズ判決は、マイノリティ集団に対するあからさまな敵意や差別意識にもとづく立法は認めないとする連邦最高裁の姿勢を示したものであり、平等保護の観点から同性愛者の権利を扱った重要なリーディング・ケースであった。

## 同性婚を認めないのは性差別か——ハワイ州ベアー対ルウィン判決（1993年）

話はローマー対エヴァンズ判決から少しさかのぼる。１９９３年、全米に衝撃的なニュースが走った。ハワイ州最高裁が同性婚を認めないことは性差別にあたるという判決を出したのである。このベアー対ルウィン判決[25]は90年代以降の同性婚訴訟の本格化を促し、また後述する婚姻防衛法が制定される直接の引き金になったという点で重要な判決である。

１９９０年、３組の同性カップルが婚姻許可証の発行を申請した。これに対しハワイ州は結婚する相手が同性であるということから、婚姻許可証の発行を拒否した。同性カップルは、①（結婚の条件を規定する）州法はハワイ州憲法で保障されるプライヴァシー権および法の適正手続（平等な取り扱い）に違反し、違憲である、②婚姻許可証拒否を差し止めるべき、との主張にもとづき提訴した。

これに対し訴えられた側である州は、①州婚姻法は「婚姻は男女間の結びつき」を意図している、②同性婚をする基本的権利はない、③州は原告らの私的な関係に介入しているわけではない、④州に同性間の関係を公的に承認する義務はない、⑤州婚姻法は社会にとって重要とされる基本的な家族単位の保護のためにある、等の反論をした。

この訴訟に対し、93年にハワイ州最高裁は次のように判断した。

1　連邦最高裁は「婚姻する権利」は修正第14条に含まれるプライヴァシー権の一部であると解釈してきた。本件の問題は、ハワイ州憲法第1条6項で保障される「婚姻する権利」は同性カップルに拡張されるか、である。

連邦最高裁の先例に照らせば、同性婚をする権利が伝統と人々の集合的な意識に根ざしたものとみることはできず、本件が自由と公正という基本原理の侵害であると認めることはできない。原告らは、プライヴァシー権から生じる、同性婚をする憲法上の基本的権利は持たない。

2　しかし、原告カップルに救済がないわけではない。彼らの平等保護にもとづく主張が通れば、ハワイ州は、同性カップルに彼らが同性であるからといって婚姻許可証を拒否することはもはや認められない。

3　ハワイ州憲法第1条5節は、個人が市民権を行使するにあたり州が性差別を行うことを禁じている。ハワイ州法HRS572条は婚姻関係を男女間に限り、同性カップルに婚姻の地位とそれに付随する権利利益への接近を拒んでいる。

4　HRS572条は、婚姻の地位とそれに付随する利益を申込み者の性にもとづき規定している。ハワイ州憲法第1条5節の下での平等保護分析で、性は「疑わしいカテゴリー」となり、HRS572条は厳格審査に服する。

5　ＨＲＳ５７２条は次のことを示さなければ違憲であると想定される。

（ａ）　ＨＲＳ５７２条の性にもとづく区分は、州のやむにやまれぬ利益により正当化されること。

（ｂ）　ＨＲＳ５７２条は原告同性カップルの憲法上の権利を不必要に奪わないよう制限的に作成されていること。

要するに、ハワイ州最高裁はプライヴァシーの観点からは同性カップルに同性婚をする基本的権利はないと判断したが、平等保護の観点から、州が婚姻関係を男女間に限定しているのは性差別にあたり、違憲になるのではないかと示唆したのである。そして、この判決にそった厳格審査の下で審理がなされるよう、訴訟を下級審へと差し戻した。厳格審査の下では訴えた同性カップルではなく、訴えられた州側が、同性婚を認めないだけのやむにやまれぬ利益や、同性カップルの憲法上の権利を不当に侵害していないことを証明しなければならない。

このベアー対ルウィン判決は平等保護の観点から同性婚の実現を示唆したということで、にわかに全米の注目を集めた。その年のうちに、ハワイ州議会はハワイ州の婚姻法は異性カップルにのみ適用されると明記する法案を通過させた。１９９６年12月の差戻し審は、異性カップルの婚姻は認めながら同性カップルの婚姻は認めないとするHRS572条の性区分は州憲法の平等保護条項に違反すると判断した。しかし、ハワイ州の世論はこの判決および同性婚に対し、6割から7割が反対であった。[26] 州議会は、「立法者は、婚姻を異性カップルに保持する権限を有する」という州憲法修正案を作成する。同時に、法的に婚姻できない2人の人間に、婚姻に準ずる権利保障を与える相互受益者法（Reciprocal Beneficiaries Act）の法案も提出された。州憲法修正案は98年の州選挙の際に住民投票にかけられた。このとき、カトリック教会や宗教右派団体から支援を受けた修正賛成側（同性婚反対派）の諸団体は「伝統的な婚姻」の保持を主張し、アメリカ最大規模の同性愛者擁護団体ヒューマン・ライツ・キャンペーン（HRC）から財政支援を受けた州憲法修正反対派は、同性婚よりも市民的権利の保護という観点から州憲法修正に反対するキャンペーンを展開した。[27] 反対派のキャンペーンは功を奏さず、賛成69％対反対31％の圧倒的多数の賛成で州憲法修正が成立した。99年、ハワイ州最高裁は、州憲法修正によって州法HRS572条が妥当であるとされる以上、原告には訴えの利益がないとして差戻し審の判決をくつがえした。[28]

## 動き出す宗教右派――第二次バックラッシュ

ハワイ州で同性婚の実現可能性が示されたことは、同州だけの話題に留まらなかった。その背景には、90年代に再び盛り上がる宗教右派の運動が関係している。

政治学者のジョン・グリーンは、宗教右派による運動を70年代末の第一次バックラッシュと90年代の第二次バックラッシュに区分している。[29] 第2章でみたように、70年代末の第一次バックラッシュはテレヴァンジェリストのカリスマ的人気に依拠して宗教的、情緒的な言説を多用したが、それに対し、90年代の第二次バックラッシュでは宗教右派は宗教色を弱め、自らの主張を政策へと結びつけるために共和党への接近を図った。第二次バックラッシュにみられるのは運動の手段の政治化と洗練である。宗教社会学者の堀内一史によれば、90年代以降の宗教右派は次の特徴を持つ。第一に、宗教色の強い神がかりめいた発言は控えられたこと。第二に、政治を重視して運動の拡大を図るために、カトリックやプロテスタント主流派などに接近したこと。第三に、共和党に接近するため、牧師ではなく戦略的技術を持つ活動家を運動組織の中に取り込んでいったこと、[30] である。

こうした運動形態の変化により、90年代には宗教右派と共和党の緊密な関係が強まった。宗教右派は自らのアジェンダを政策として実現させるために共和党内部への影響力を強め、また共和党も全米で3千万から5千万人といわれる福音派という膨大な票田の支持を得るため、伝統的価値の重要性を強くアピールした。89年に金銭スキャンダルでモラル・マジョリティが解散した後、宗教右派の代表的存在として台頭したのが、同年に設立されたクリスチャン連合（Christian Coalition）である。クリスチャン連合はカリスマ・テレヴァンジェリストのパット・ロバートソンが設立した団体である。ロバートソンは、第一次バックラッシュを牽引したモラル・マジョリティの代表、ジェリー・

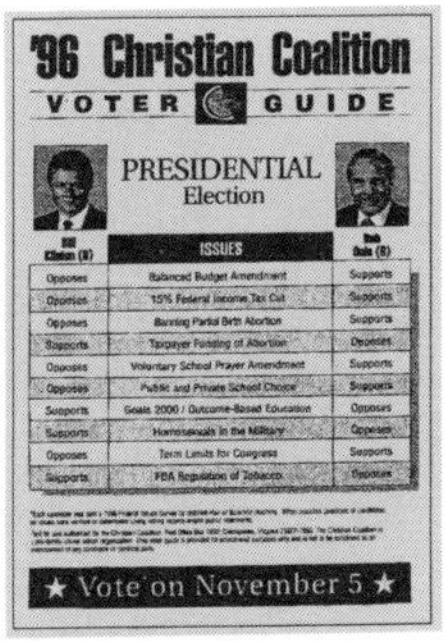

'96 Christian Coalition
VOTER GUIDE

PRESIDENTIAL
Election

| | ISSUES | |
|---|---|---|
| Opposes | Balanced Budget Amendment | Supports |
| Opposes | 15% Federal Income Tax Cut | Supports |
| Opposes | Banning Partial Birth Abortion | Supports |
| Supports | Taxpayer Funding of Abortion | Opposes |
| Opposes | Voluntary School Prayer Amendment | Supports |
| Opposes | Public and Private School Choice | Supports |
| Supports | Goals 2000 / Outcome-Based Education | Opposes |
| Supports | Homosexuals in the Military | Opposes |
| Opposes | Term Limits for Congress | Supports |
| Supports | FDA Regulation of Tobacco | Opposes |

★ Vote on November 5 ★

図3–3　1996年のクリスチャン連合有権者ガイド

図3–4　クリスチャン連合を設立したパット・ロバートソン

ファルウェルのいとこであり、初めて選挙運動に参加したのはカーターの選挙戦であった。ロバートソンは88年の共和党大統領予備選に出馬し、200万票を獲得した。その後ブッシュ大統領の支持を表明して退くが、全米の共和党員の9％の支持を得て共和党内に発言力を確保した。[31] ロバートソンは大統領選出馬時に用いたダイレクトメールのリストや人脈を利用して、クリスチャン連合を設立する。なお、クリスチャン連合の実質的運営を担ったのは事務局長のラルフ・リード（1961―）である。

クリスチャン連合は全米で政治的リーダー育成のための学校を組織し、有権者登録や共和党への投票の呼びかけのほか、市教育委員会などの公職に団体公認候補を送り込み、公立学校での祈りの復活やキリスト教の天地創造説を教科書に盛り込むなどの運動を展開した。90年代半ばにはクリスチャン連合のメンバーは100万人を超え、全米50州に約900支部を持ち、年間予算は2千万ドルを超えた。[32] 94年の中間選挙では、共和党下院議員選挙総得票数の約3分の1をクリスチャン連合が占め、40年ぶりに共和党が連邦議会上下両院の多数派を獲得した[33]。宗教学者の森孝一によれば、94年の段階でクリスチャン連合は全米50州のうち、31州で共和党をコントロールする力を持っていた[34]。アメリカ研究者の上坂昇は、「宗教右翼が共和党内でもっとも強力な組織票になっていることは、もうだれも否定できなくなっている。党の地方組織の多くが、クリスチャン連合などによって支配されていることも明らかになっている。選挙や議会で、宗教右翼の意向を無視することはほとんど不可能といってよいだろう[35]」と述べている。

図3–5　ラルフ・リード

90年代にはクリスチャン連合、第2章でふれたフォーカス・オン・ザ・ファミリー（92年にスタッフ700人、予算は6000万ドル）、およびアメリカを憂慮する女性連盟が「宗教右派ビッグ・スリー」と呼ばれていた[36]。これらの宗教右派団体は福音派という膨大な支持層を基盤に多額の寄付を集めることが可能なため運動資金も豊富であり、投票ガイドの配布などを通して有権者登録や共和党立候補者への投票を訴え、90年代末には共和党に対して無視できない影響力を及ぼした[37]。

## 異性婚と子からなる家族こそが大事——家族の価値

第2章で述べたように、福音派とは聖書の言葉を重視し、保守的な価値観を堅持する人々である。福音派の重視する課題の一つに、「家族の価値 family values」、あるいは伝統的家族を守るという信条（pro-family）がある。「家族の価値」とは、（キリスト教で聖なるものとして語られる）男女の夫婦とその2人の子からなる家族こそが尊ぶべき伝統的価値を有し、社会的に尊重されるべきであるとするイデオロギータームである。

「家族の価値」は宗教右派にとって理想化された道徳性のシンボルであり、アメリカ社会がこの理想的な家族形態を保持することは彼ら彼女らの展開する家族擁護運動（pro-family movement）にとって重要な課題である。この「家族の価値」というスローガンは70年代から使用され始め、特に同性愛者やシングルマザーがバッシングされる文脈で使用された。宗教右派は自らの主張をキリスト教の伝統に依拠させるために、また福音派という草の根の人々の支持を得るために、「家族の価値」という情緒的なスローガンを多用した。近年では、家族形態にかかわらず家族関係を重視するという意味合いでリベラルの側も「家族の価値」という言葉を使用するが、ここでは保守派の主張する「家族の価値」に焦点をあてる。

1993年から2001年までは民主党のクリントン政権の時期だったが、先述したように宗教右派の台頭もあり、94年の連邦議会は上下両院の多数派を共和党が占めた。保守派が強い存在感を持つ中で福祉改革が行われ、婚姻防衛法が制定された。福祉改革と婚姻防衛法に共通するのは、両方とも「家族の価値」を強く反映する法政策であるということである。

96年の福祉改革は「我々におなじみの福祉を終わらせる」というクリントン大統領の言葉が有名である。その目的は国民の就労を促し、福祉予算の削減を図ることにあった。主な内容は、個人責任・就労機会調整法（PRWORA, Personal Responsibility and Work Opportunity Reconciliation Act）の制定、および要扶養児童家族扶助（AFDC, Aid to Families with Dependent Children）の廃止とそれに代わる貧困家族一時扶助（TANF, Temporary Assistance for Needy Families）の導入である。背景にあったのは、当時、要扶養児童家族扶助受給者の多くを占めていたシングルマザーによる福祉依存と、彼女らに対するバッシングである。クリスチャン連合やイーグル・フォーラムといった宗教右派団体は、福祉制度が婚外子を増加させ、安定した家族を損ない依存を促進するとして、家族擁護運動の観点から福祉の削減を主張した。こうした声を反映し、個人責任・就労機会調整法は、婚姻は社会の基盤であり子どもの利益にとって重要であるとし、異性婚からなる家族の促進を法の目的とした。また、貧困家族一時扶助は就労促進や婚姻の奨励のほか、両親がそろった家族形態の支援を目的としていた。要するに、この福祉改革は宗教右派が主張する「家族の価値」を色濃く反映する内容であった[38]。

### 婚姻は男女間の結びつき——婚姻防衛法

前節でみた福祉改革と同様に、１９９６年に連邦法として制定された婚姻防衛法は宗教右派の主張する「家族の価値」が如実に表れた連邦法である。婚姻防衛法は、先述した93年のハワイ州最高裁ベアー対ルウィン判決が同性婚の可能性を示唆したことを受け、ジョージア州選出の共和党下院議員ボブ・バーにより連邦議会に法案提出された。婚姻防衛法は法案提出後2週間以内に下院での聴聞が行われるなど、異例の速さで審議された[39]。上院賛成85、反対14、下院賛成342、反対67で可決されたのち、96年9月21日、婚姻防衛法はクリントン大統領の署名をもって審議から約4ヵ月で成立した。内容は次のようなものである。

第1節　タイトル
この法律は、婚姻防衛法（Defense of Marriage Act）という。

第2節　州に保持される権限
いかなる州、準州、合衆国領地、ネイティブ・アメリカン領地も、他の州、準州、領地の法の下で婚姻として扱われる同性関係、あるいはそうした関係から生じる権利や主張に関して、他州のいかなる公的行為、記録、司法手続にも効力を与えることを求められない。

第3節　婚姻の定義
連邦議会のあらゆる行為の意味、あるいは連邦の様々な行政機関の決定、規制、解釈の意味を決定するにあたり、「婚姻」という言葉は夫妻としての男女間の法的結びつきのみを意味し、「配偶者」という言葉は、夫あるいは妻である異性の人間についてのみをいう。[40]

この婚姻防衛法で問題となるのはどこだろうか。第2節は要するに、どこかの州で同性婚を認めたとしても、他の州はその効力を認めなくてもよい、という条文である。連邦制を採るアメリカ合衆国では50の各州にそれぞれ州法と州憲法があるが、それらは連邦憲法および連邦法よりも下位の法規範に位置づけられる。したがって、どこかの州で同性婚を認めたとしても、その効力はあくまでもその州のみに限られるという歯止めをおいたのが、連邦法の婚姻防衛法である。また第3節は、連邦レベルでの婚姻とは男女間の結びつきのみを指すのだと定義する。この条文が意味するのは、同性カップル当事者は州で法律上有効な同性婚をしたとしても連邦法上は婚姻したものとみなされず、連邦法上の婚姻に伴う法的利益や権利を受けられないということである。これはあからさまな同性愛者差別として機能する。

婚姻防衛法はどのようにして成立したのだろうか。婚姻防衛法の審議過程は保守派の熱望する伝統的家族観が如実に示されており、大変興味深い。

まず連邦議会下院司法委員会の報告書を見てみよう。報告書は、婚姻防衛法が制定されることにより、①伝統的異性婚制度の保持・促進、②伝統的道徳概念の保護、③州の自治および民主的自治の保護、④政府資金の保持、といった利益が促進されるとする。[41] 報告書は述べる。「市民社会は実のところ、異性婚制度の維持および保護に利益を持つ。というのも、異性婚制度は責任ある生殖と子育てを促進する、深く永続的な利益を持っているからである」[42]。また法案を提出した議員のバーは、次のように述べる。

社会の真の土台が、燃やされる危機に瀕しています。享楽主義や自己陶酔、自己中心的道徳の炎が我々の社会の最たる基盤である家族という単位をいたぶっているのです。ハワイ州裁判所は声高に、明確に判断しました。下級裁判所に告げたのです、同性婚を認めるべきだと。これ以上、アメリカに何を求めようというのでしょう。皆さん、必要なのは目を覚まして理解することです。これは、歪んだ道徳観を国中に押しつけようとやっきになっている過激派が叫んでいる問題ではないでしょうか？　……私たち全員が立ち上がり、この法案を支持すると言わねばなりません。私たちは家族のため、ひいてはアメリカのために、道徳的基盤、倫理的基盤を維持しなければなりません。[43]

ここで主張されているのは、家族は社会の基本単位であり、その入り口としての伝統的な異性婚は、尊重され、連邦法により保持されなければならないという見解である。まさに宗教右派の重視する「家族の価値」が明らかに示されているといっていいだろう。連邦議会上院議員ロバート・バードの発言もみてみよう。

男女間の永続的な関係は、人間社会の安定性、強さ、健全性にとっての要です。法的承認と法的保護を受けるに値する関係性です。……男性同士、女性同士の関係が結婚関係と同様であると主張するのは愚かなばかりでなく、明らかにばかげています。そうした関係から子どもは生まれません。

……実際、数千年におよぶユダヤ・キリスト教の教えは完全に、疑いようもなく男女間の結びつきについての神聖さ、目的、理由について残しているのです。旧約聖書に向き合い、神の言葉を読むだけで結婚の真の定義がいかに永遠なものであるかがわかるでしょう。

……議長、アメリカは試されているのです。もし同性婚が認められたら、その見解は公式なものとなるでしょう。アメリカは、子どもには父と母が必要ではないのだと、２人の母、２人の父でもよいのだということになるでしょう。

これは大惨事です。多くのアメリカ人は拠りどころを失うでしょう。規範はもはや存在しません。私たちはたちまち途方に暮れるでしょう。数千年にわたり築き上げられてきたものが、一世代で掘り崩されるのです。

皆さん、態度をはっきりさせましょう、今がその時です。今まさに問題になっているのです。神聖な聖書に書いてあるように、もっとも古い制度である男女間の婚姻制度を守ろうではありませんか。[44]

ここまであからさまに宗教的な信条に根ざす発言ばかりではないが、「婚姻は人間を教化し、社会を文明化する制度」、「婚姻はもっとも価値ある文化的遺産」[45]といった異性婚を称賛する保守的見解が、議事録にはオンパレードである。まさに「家族の価値」にもとづき、婚姻防衛法は制定されたといってよい。

## 婚姻防衛法は合憲か?

しかし、この婚姻防衛法はすでに審議の段階から、連邦憲法に違反するのではないかと指摘されていた。主な指摘をあげてみよう。

1　同性婚の否定を各州に認める婚姻防衛法は、法の平等保護を定めた連邦憲法修正第14条に違反するのではないか。[46]

2　連邦憲法第4条「十分な信頼と信用条項」は、ある州の法律に他州は「十分な信頼と信用」を与えるべきと規定しており、もしある州が同性婚を認めるなら、他州もその法律を妥当だと認めるのが筋ではないか。他州の同性婚を否定する婚姻防衛法は連邦憲法第4条に違反するのではないか。[47]

3　そもそも、連邦議会は州のありかたを統合するのではなく、バラバラにするような法律（婚姻防衛法）をつくる権限を持つのだろうか。[48]

1は、先述した1996年のローマー対エヴァンズ連邦最高裁判決などに照らして、同性カップル（同性愛者）への差別を認める婚姻防衛法は連邦憲法の平等保護条項に違反するという見解である。

2は、各州の法律を調整するという観点から、婚姻防衛法の違憲性を指摘する見解である。アメリカには各州の法律を調整するための抵触法（conflict of laws）というルールがある。その抵触法の婚姻に関する規則に、祝福地ルール（place of celebration）というものがある。祝福地ルールとは、ある州で有効とされた婚姻は、アメリカの他の州でも有効と見なされる、というルールである。[49]婚姻防衛法第2節はある州で同性婚が妥当とされても他州での効力を認めないという法律であるから、この祝福地ルールと真っ向から対立してしまう。しかも、もしある州で認められた同性婚が他州で無効とされるなら、同性婚をした当事者が別の州で異性と結婚すること（重婚）が可能になってしまう。[50]

3は、アメリカ合衆国の統治の根本であるフェデラリズム（連邦主義）の観点から婚姻防衛法を問題視する見解である。第2章で述べたように、アメリカは17世紀にイギリスから渡ったピルグリム・ファーザーズが築いた13植民地を国の原型としている。対英独立戦争を経て1783年にアメリカは国として独立するが、それ以前に州が存在していたわけである（当時は邦といった）。こうした歴史的経緯もあり、アメリカは連邦政府と州政府に統治権限を分割する連邦制を採っている。そこで問題となるのは、州はどこまで権限を保持するか、連邦政府はどこまで権限を持つか、というバランスである。連邦憲法第6条2項は連邦憲法および連邦法が国の最高法規であると明文で規定しているので、連邦が州よりも強い権限を持っている。フェデラリズムという概念は、各州をまとめて一つの連邦としての国家を目指そうとする立場と、アメリカの基本は州であるとして、連邦の権限を制限的にみる立場の両方に用いられる。連邦の一体性を重視するという前者の立場からすれば、婚姻防衛法は同性婚の対応を各州に委ね、国としての足並みをバラバラにしてしまうものである。婚姻防衛法の合憲性をめぐっては、これらの疑問や懸念が憲法学者や法学者から提起された。

２００３年の米国会計検査院（Government Accountability Office）レポートによれば、連邦法上婚姻の地位に伴い付与される権利利益の総数は１１３８にのぼる。[51] 同性婚が認められる州で婚姻した同性カップルは、異性カップルとは異なりこの権利利益を利用することができない。夫婦合算申告は認められず、健康保険や生命保険の受給対象から除外され、遺族としての地位も認められない[52]。憲法学者のアンドリュー・コッペルマンによれば、婚姻防衛法は「州法では妥当とされても連邦法上の目的ではすべて無効とされる、二級の婚姻を作るもの[53]」であった。この婚姻防衛法は2013年に連邦最高裁で違憲と判断されるまで存続し、特に税制、相続、親権などの生活上影響の大きな事柄で連邦法上様々な不利益を同性カップルにおよぼしたのだった。

ここまで、1980年代前半のエイズ・パニックをきっかけとして同性愛者への差別が強まり、同性愛者自身が権利の重要性をより一層強く認識したこと、また90年代に再び台頭した宗教右派が「家族の価値」を掲げ、その象徴ともいえる婚姻防衛法を制定したくだりをみてきた。90年代以降、同性愛者の権利運動では同性婚の実現が主な目標となり、2000年代には州レベルで少しずつ同性婚が認められていく。同性婚の実現はどのような経緯をたどったのだろうか。

# 第4章　本格化する同性婚訴訟

第3章でみたように、1970年代には全米の各地方自治体で性的指向にもとづく差別を禁じる法や条例が制定され、82年にはウィスコンシン州が州レベルで初めて性的指向にもとづく差別を禁止する法を制定した。89年にはサンフランシスコ市で同性カップルの親密な関係を保障するドメスティック・パートナーシップが制定され、90年代に入ると同性カップルの権利保障も少しずつ進んでいった。ドメスティック・パートナーシップとは、同性カップルまたは異性カップルに、婚姻と同等とまではいかないが限定的に権利利益を認める制度である。また、「婚姻」という名称以外は、法律婚と同等の権利利益を認めるシビル・ユニオンという制度もある。99年、ヴァーモント州最高裁は、「州政府はヴァーモント州法の下で婚姻から生じる共通利益および保護を同性カップルに拡大するよう、憲法上求められる」と判断した（ベイカー対ヴァーモント州判決[01]）。ただし州最高裁はこの要請が同性婚の形を採るか、別の形を採るかは立法者に委ねられるとした。この判決を受けて2000年6月、ヴァーモント州は全米で初めて州レベルでシビル・ユニオンを制定した。シビル・ユニオンの許可、挙式、登録に関しては婚姻と同じ条件が適用される。また、パートナー入院時の面会権、パートナーの不慮の死に際して遺族として訴える権利、シビル・ユニオン締結時にパートナーの片方に子が生まれた場合はその子に対する監護権、親権なども認められることとなった[02]。

80年代末からは、他国でも同性カップルの継続的な関係性を法的に保護する動きが出てきた。まず、89年にデンマークで、世界で初めて登録パートナーシップ制度が導入された。その後93年にはノルウェーが、95年にはスウェーデンが同様の同性パートナーシップ制度を導入している。また99年にはフランスで、同性カップルおよび異性カップルに社会保障や税金の面で婚姻に準ずる法的保護を与えるパックス（民事連帯協約）が制定された。世界で初めて同性婚を認めた国はオランダで、2001年のことである。その後03年にはベルギーで、05年にはスペインとカナダで同性婚が承認されるなど、1990年代末から2000年代初頭にはヨーロッパ諸国を中心に同性カップルの保護について大きな進展がみられた。詳細は終章で述べるが、日本の場合は2015年から同性カップルの関係性を保護する動きがみられる。

## ソドミー法はプライヴァシー権侵害——ローレンス対テキサス判決（2003年）

同性カップルの権利保障などが制定される中、２００３年に重要な連邦最高裁判決が出る。合意にもとづく成人間の同性愛行為をソドミー法によって罰することはプライヴァシー権侵害であり、連邦憲法に違反するとの判断が、ようやく全米レベルで出されたのである。

第3章でみたように、１９８６年、連邦最高裁はボワーズ対ハードウィック判決でソドミー法は合憲であると判断した。ボワーズ対ハードウィック判決法廷意見で述べられたように、86年の段階では24州とワシントンＤＣでソドミー法が規定されていた。その後ソドミー法を撤廃する州が増え、２００３年の時点でソドミー法を規定する州は13州、うち4州ではソドミー法の処罰対象を同性間の性的行為に限定していた。[03] 第3章でみた１９９６年のローマー対エヴァンズ判決に照らせば、同じ行為を同性間の場合に限り罰するという法律は明らかに性的指向にもとづく差別に該当する。したがって、同性間の行為のみを罰するソドミー法は平等保護の観点から合憲とは言いがたい規定であった。

そのソドミー法の合憲性を問う事件が起きた。テキサス州ヒューストンで捜査のために警察がジョン・ローレンス宅に押し入った。そこでローレンスと恋人のティロン・ガルナーが性的行為をしていたため、2人はソドミー法にもとづき逮捕された。ローレンスらはハリス郡刑事裁判所でそれぞれ２００ドルの罰金を科されたのち、州第14地区控訴裁判所へ、州ソドミー法は連邦憲法修正第14条平等保護条項およびプライヴァシー権に違反すると訴えた。州第14地区控訴裁判所が有罪判決を支持したため、連邦最高裁へ裁量上訴がなされた。事件移送令状《サーシオレアライ》を受理した連邦最高裁は、テキサス州ソドミー法はプライヴァシー権の侵害にあたり違憲であると判断し、86年のボワーズ対ハードウィック判決の論理を変更した。これがローレンス対テキサス判決[04]である。判旨を箇条書きにしてみよう（整理のために、順序を変えている部分がある）。

1　本件の問題は、同性の2人が一定の親密な性的行為を行うことを罪とするテキサス州法の妥当性である。

連邦最高裁は次の3点につき、検討する。

①（異性間の同様の行為は罪に問わず）同性間の性的親密性を犯罪とするテキサス州ソドミー法は、連邦憲法修正第14条平等保護条項に違反するか。

②成人間の合意にもとづく自宅での性的親密性を罪に問うことは、連邦憲法修正第14条デュー・プロセス条項により保護されるプライヴァシーという重要な利益に違反するか。

③ボワーズ対ハードウィック判決はくつがえされるべきか。

2（①の平等保護について）同性愛行為が州法により罪となる場合、その宣言自体が同性愛者を公的および私的領域で差別に服させる引き金となることは同性愛者の生き方を見下すものとなる。また、ソドミー法がもたらすスティグマは決して些細なものではない。

3 (②のプライヴァシー権について) 先例は、連邦憲法修正第14条で保護される重要な自由に、個人の尊厳と自律に大きく影響する個人的選択が含まれると解釈する。同性愛関係にある人々は異性愛者と同様に、親密で個人的な選択や個人の尊厳と自律にとって重要な事柄について自律を求めることができる。

テキサス州ソドミー法は、個人の私的生活への介入を正当化しうるのに妥当な州の利益を促進するものではない。

4 (③のボワーズ判決について) ボワーズ判決は決定された時に正しくなかったし、今日でも正しくない。拘束力のある先例として存続すべきではない。ボワーズ対ハードウィック判決はいまやくつがえされる。

ローレンス対テキサス判決は、同性婚の承認を求める同性愛者の権利運動が本格化する中で出された。当然ながら、同性愛者当事者も世論も、次は同性婚の実現だとの認識を強めた。こうした期待を予測してか、法廷意見は「本件は、同性愛者が求める何らかの関係について政府が公的な承認を与えるべきかどうかに関わるものではない」と述べ、同性婚の承認は別問題であるとしている。しかしこのソドミー法違憲判決は同性カップルの関係性を社会が承認する流れを強めるものとなった。ローレンス対テキサス判決の5ヵ月後、マサチューセッツ州は全米で初めて同性婚を認めた。

## 婚姻する権利とは何か——判例と学説

2000年代以降、アメリカではマサチューセッツ州に続き同性婚を認める州が増えていくが、そもそも同性婚はどのような根拠にもとづいて主張されたのだろうか。

第1章でふれたベイカー対ネルソン判決のように、同性婚の訴え自体は1970年代からあった。しかし、アメリカは連邦最高裁が過去に出した判決（判例）を重視する判例法主義をとる国であるため、判例などをふまえた説得力のある根拠を提示しなければ同性婚の実現は難しい。法学者や弁護士はどのような根拠にもとづき、同性婚を正当化したのだろうか。

### (1) 判例にみる婚姻する権利

婚姻は判例でどのようなものとして位置づけられてきたのだろうか。連邦最高裁は19世紀から、婚姻する権利（right to marry）を社会にとって根本的なものであるとしてきた。たとえばオレゴン州の離婚法の効力が問題となった1888年のメイナルド対ヒル判決は、婚姻を「もっとも重要な社会関係」、「家族と社会の基礎であり、それなくしては文明も進歩もありえなかった」[05]としており、婚姻制度を社会の基礎にあたるものとしている。また1923年のメイヤー対ネブラスカ判決では、「婚姻し、家庭を築き、子を育てる権利」が連邦憲法修正第14条デュー・プロセス条項により保護される自由であるとされている。[06] 20世紀後半には、婚姻を制度としてよりも、個人が有する市民的権利として捉える見方が強まっていく。第3章で言及した、夫婦間の避妊具使用を禁じる州法が違憲とされた65年のグリズウォルド対コネティカット判決では、婚姻について次のように述べられている。

婚姻は、よかれあしかれ神聖とされる程度に親密で、永続的な結びつきである。それは生活を促進する結びつきであって、大義ではない。政治的信条ではなく、生活における調和であり、商業的、社会的計画ではなく、相互に誠実であることである。[07]

また1967年、連邦最高裁はラヴィング対ヴァージニア判決で異人種間婚姻を禁止するヴァージニア州法を違憲とした。1863年のリンカーン大統領による奴隷解放宣言後、アフリカ系アメリカ人は市民権を持つことになった。しかしアフリカ系アメリカ人と白人との混交を恐れた諸州

（特に南部地域）は、その後に異人種間婚姻（interracial marriage, miscegenation）を禁じる法律を制定した。

原告となったラヴィング夫妻は、夫が白人、妻がアフリカ系アメリカ人の異性カップルである。2人の実話にもとづいて2016年に『ラビング』という映画が制作されている。1958年、ラヴィング夫妻はワシントンDCで婚姻し、居住地のヴァージニア州に戻った。ヴァージニア州は異人種間婚姻を認めておらず、夫のラヴィングは異人種間婚姻禁止法に違反したとして1年の懲役に問われた。第一審で25年の州外追放を言い渡されワシントンに転居したラヴィング夫妻は、異人種間婚姻を禁じるヴァージニア州法は連邦憲法修正第14条の法の平等保護に違反すると訴えた。

連邦最高裁は、ヴァージニア州法は白人が含まれる場合のみの異人種間婚姻を禁じており（つまり黒人とアジア人の結婚は合法だった）、これは白人の優位性（white supremacy）を維持するためのものであるとみた。そして人種によって婚姻する自由に制限を設けることは平等保護違反にあたると判断したのである。ラヴィング判決は述べる。

婚姻する自由は、自由な市民の幸福追求にとって不可欠な個人的権利の一つであると長く認められてきた。婚姻は我々の存在および生存にとって重要な「基本的市民権」である。この権利をこの州法内に具体化された人種区分――それは連邦憲法修正第14条の核心である平等原則を直接破壊する区分である――という、支持しえない基盤にもとづいて否定することは、全市民から法の適正手続なしに自由を奪うことである。連邦憲法修正第14条は、婚姻するという選択の自由が不公平な人種差別によって制限されないことを求めている。[08]

白人同士や有色人種同士は婚姻してもよいが、白人と有色人種は婚姻してはいけない、これは明らかに人種区分にもとづく、婚姻する権利に対する不合理な制限である。婚姻する権利が憲法上の基本的権利であるならば、その権利の行使を合理的理由のない法律で制限することは違憲であると、連邦最高裁は判断したのだった。

1978年、連邦最高裁はザブロッキ対レッドヘイル判決で、子どもに対して扶養義務を負う州民は、婚姻するにあたり裁判所の許可を要すると規定するウィスコンシン州法は、州民の婚姻する権利に不当に介入しており違憲であると判断した。[09]同判決では、「婚姻する権利は根本的に重要なものであり……婚姻するという決定は、生殖、出産、子育て、家族関係に関する決定と同じレベルの重要性がおかれてきた」と述べられている。

また、86年のターナー対サフリー判決では、囚人が婚姻する際に刑務所監督の許可を要するとした規則の合憲性が問われた。連邦最高裁は、婚姻に伴う精神的重要性や個人の関わりあいを重視して、囚人は収監されていても憲法上保護されるに十分な婚姻関係を形成しうると結論づけた。[10]

婚姻する権利を憲法上の基本的権利であると判断したこれらの判決は、しばしば同性婚の正当化根拠として用いられてきた。[11] 特にラヴィング対ヴァージニア判決は、同性婚を正当化する根拠となる先例として引用されることが多かった。というのも、白人の優位性保持のための異人種間婚姻禁止という構図から、異性愛社会の優位性保持のための同性婚禁止という構図を導くことができるためである。重要なことは、連邦最高裁が婚姻する権利は個人にとって重要なものであると繰り返し述べてきたことである。では、婚姻したい相手が同性である場合に婚姻を認めないのは妥当であるか。これが同性婚訴訟で問われた点である。

## (2) 学説の展開——リチャーズ、ボール、コッペルマン、カースト

同性婚を権利として主張する学説にはどのようなものがあったのだろうか。ここでは憲法分野における主要な学説をいくつか紹介したい。

### 1　リチャーズのリベラリズム

個人の自由および自己決定を重視するリベラリズムの観点から同性婚を主張するのが、憲法学者のデヴィッド・リチャーズ（ニューヨーク大学）である。リチャーズは同性愛者というアイデンティティに重点をおきながら、彼ら彼女らがこれまでに被ってきた差別（ホモフォビア）を構造的不正義(structural injustice)という概念で捉える。リチャーズによれば、構造的不正義は二つの特徴を持つ。

第一に、一定の人々や集団から良心の自由、表現の自由や親密な生といった基本的人権を奪うこと、第二に、基本的人権のはく奪により生じる非人間的なステレオタイプを合理的であるとすることである。[12] 差別はどういうときに生じるか。それは、ある人や集団を人格や意思、感情を持った人間としてみるのではなく、特定の属性だけでみるときである。しかもその属性に対し、侮蔑的な固定観念《ステレオタイプ》（例えば「〇〇人は怠け者だ」というような）を抱いている場合である。そしてそのステレオタイプがまた差別を正当化するという、循環構造がある。この構造的不正義は、一定の人々や集団を、基本的人権が奪われた状況におき続けるという機能を持つ。リチャーズは人種や宗教といった区分と同様に、同性愛という性的指向もまた、連邦憲法修正第14条平等保護条項の保護対象となる疑わしい区分（suspect classification）になるべきと主張する。

疑わしい区分とは、その区分を用いた法律が差別ではないかとして平等保護条項に照らして審査される場合、違憲の判断が出やすくなる高位の審査基準（厳格審査あるいは中間的審査）が適用される区分のことである。たとえば人種区分は疑わしい区分の典型として、もっとも違憲判断が出やすい厳格審査が適用されることが確立している。本節冒頭で述べたラヴィング判決では、白人と有色人種の婚姻を禁じる（人種区分にもとづく）異人種間婚姻禁止法の合憲性が問われ、厳格審査の下で違憲と判断された。疑わしい区分に該当するには、①差別を受けてきた歴史があること、②変更不能な特徴により定義されること、③政治的に無力で、司法外の保護を必要とすること、④その特徴が社会に貢献する能力とは関係がないこと、という4基準を満たす必要がある。[13] 連邦最高裁はこれまで人種や民族的出自、および宗教にもとづく差別を疑わしい区分と認めてきた。

なぜ性的指向も疑わしい区分とみなされるべきなのか。同性愛という性的指向は人種差別や性差別と同様、差別や不合理な偏見にさらされている。それだけではない。リチャーズによれば、性的指向はその人の道徳的アイデンティティ形成にとって重要であるからである。宗教が疑わしい区分とされ連邦憲法修正第14条の下で保護されてきたのは、信仰が個人の良心にもとづく道徳的アイデンティティの形成にとって重要な関わりを持つからである。であれば、良心にもとづく同性愛者というアイデンティティ形成も同じように尊重されるべきもの、憲法上の保護を受けるべきものということになる。[14]

同性婚に関しては、リチャーズは他者との親密な生を送る基本的権利（right to intimate life）に重点をおき、同性カップルの関係性の法的承認を主張する。奴隷制の下で黒人が婚姻を禁じられたように、同性愛者もまた、自己の人生に重要な影響を及ぼす親密な関係にある他者と婚姻する権利を否定されている。憲法上の基本的権利の行使を妨げられ、そうした権利を尊重されることから除外されている。リチャーズは述べる。

親密な生への権利のはく奪は、不当な非人間化において重要な役割を果たす。なぜならこの権利の自由な行使は主に、愛し愛され配慮し配慮される、他者の生に価値を与え、付与された自身の生に価値を持たせるうえでの、永続的な道徳的利益を形づくるからである。そうした権限を有することに対する尊重を否定されるということは、生に永続的な価値を与え、しばしば、世代を超えてその価値を他者の中に維持するという、道徳的な利益を持てない、文字通り人間以下の存在とみなされることである。[15]

リチャーズにとって、同性婚は婚姻に伴う法的権利・利益の獲得のためだけに主張されるものではない。親密な生を生きる、尊重されるべき市民としての社会的地位を求める観点からも、要求されるものなのである。

## 2 道徳的リベラリズム――ボール

憲法学・家族法学者のカルロス・ボール（ルトガース大学）は、リベラリズムの視点からは同性愛者の権利保護は不十分にしか導き出されないとし、道徳的リベラリズムを提唱する。道徳的リベラリズムは、①人間は基本的ニーズや潜在能力（個人がどう生きるかについての選択肢）を共有し、基本的ニーズの充足や潜在能力の行使が十全な生を送るうえで不可欠である、②人間は本来独立した存在ではなく、他者との様々なつながりや関係性が、個人が自律的な生を送るうえで重要な役割を果たしている、という二つの想定にもとづく[16]（強調は原文）。ボールは哲学者マーサ・ヌスバウムの潜在能力アプローチ[17]に依拠し、人間が十全な生を送るためには食料や住まい、政治参加などの基本的ニーズの充足および潜在能力の行使を妨げられないことが必要であり、国家はそれらを保障する義務を負うとする。そして十全な生を送るためのこれらの条件には、他者と親密な関係性を形成し、維持することを認める社会構造および公共政策の施行が含まれる[18]。ボールは述べる。

> 同性間の性行為を犯罪化しないことにより、同性愛者の性的親密性へのニーズや潜在能力を尊重する社会は、彼ら彼女らの基本的人間性を認めるのに役立つ。しかし他者を配慮し、愛することに伴うさらなる基本的ニーズや潜在能力がある。それは、同性愛者が他の人々と共有するものである。……我々の社会は、長期にわたる関係における物質的、情緒的親密性に伴う基本的ニーズや潜在能力を保護し、促進する主要な方法としての婚姻を利用する機会を同性愛者から奪うことによって、彼ら彼女らに完全な人間性を認め、付与することができていない。[19]（強調は原文）

ボールにとって、他者を配慮し、愛することは基本的なニーズであり潜在能力の一種である。それらを保護し促進する主要な方法としての婚姻が同性愛者に認められないということは、彼ら彼女らの尊厳を尊重し完全な人間として認めているとはいいがたいと、ボールはみるのである。

### 3　性差別収斂論——コッペルマン

性的指向にもとづく差別を性的差別の一部であるとみる見解もある。憲法学者のアンドリュー・コッペルマン（ノースウェスタン大学）は、ゲイに対する敵意の源には性差別があり、また同性愛に対するタブーはジェンダー・ヒエラルキーを強化する機能を持つとして、[20]性差別収斂論を主張する。

①性別にもとづいて人々の法的権利を規定する法は、性別（sex）にもとづく区分をしている。

②同性愛者に対して差別をする法は、性別にもとづいて人々の法的権利を規定する法であるといえる。したがって、

③同性愛者を差別する法は性別にもとづく区分をしている。[21]

性別にもとづいて何かを規定する法は性別にもとづいて区分をしているといえる。同様に、同性愛者か異性愛者かという区別も性別を抜きにしては語れない。したがって、同性愛者を差別する法

は性別にもとづく区分をしている、と考えるのが性差別収斂論である。

第1章で言及したプラトンにみられるように、男性同性愛が男性を「女性化」するがゆえに認められないとする見解には、女性蔑視という差別が含まれていることは明らかである。性差別と性的指向にもとづく差別は厳密には同じものとはいえないが、コッペルマンは性別が問題となっていない性的指向にもとづく差別はありえないとする。[22] 彼は同性愛者を差別する法が同性愛者のみならず女性蔑視を強化し、同じマイノリティである女性に対しても有害な影響を及ぼす側面を重視する。第3章で言及した1993年のベアー対ルウィン判決（ハワイ州最高裁）が示すように、1990年代以降にこの性差別収斂論は説得力を持つことになった。

## 4　「親密な結合」——カースト

憲法学者のケネス・カースト（元UCLAロースクール）は、政治哲学に古くからある「親密な結合 intimate association」という概念にもとづく権利保護を同性カップルにも認めるべきであるとする。カーストのいう「親密な結合」とは、「何らかの重要なありかたで婚姻や家族関係に比較しうる、他者との親密で親しい個人的関係[23]」を意味する。カーストは、この親密な結合の自由に含まれる価値として次のものをあげる。

①他者のいる社会を享受しうる（親密な他者と共に生きる）。
②他者を配慮し、他者に配慮されるというニーズを満たす機会を得る。
③親密性（intimacy）。親密さが生み出す感情のゆえに、親密性自体に価値がある。
④親密な結合にもとづく重要な他者との関係は、個人のアイデンティティや人格の成長に大きな影響を及ぼす。[24]

カーストは、この親密な結合の自由は異性の結合と同様、同性の結合にも拡大されることは明らかであるとする。憲法上の問題の核心は、この親密な結合の自由が同性愛者に認められていないことにある。同性愛者たちが欠いているのは、彼ら彼女らの結びつきとコミットメントを認める公的な法的地位（国による同性婚の承認）である。そうした地位が意味するのは、自分は婚姻したのだと公に述べる機会を異性愛者と同等に持つというだけでなく、国が彼ら彼女らの地位をスティグマとしてではなく、社会の中で容認しうるものとして認めたということでもある。親密な結合の自由という原則からすれば、同性カップルの関係は異性婚や異性カップルの関係に酷似している。であれば、なぜ異性婚は認められて、同様の関係にある同性カップルの法的承認は認められないのか。カーストは、同性愛者に対して親密な結合の自由を制限することは、同性愛が有害であるとの証拠にもとづくものではなくファンタジーや言い伝えの産物にすぎず、憲法問題として真剣にこの問題を検討するのであれば結果は簡単に予測できるだろう（同性婚が認められるだろう）と論じる。[25]

ここまで、同性婚に関する学説をみてきた。これらの学説は、性的指向が個人のアイデンティティに深く関わること、他者との親密な関係が個人の人生や人格の成長などに大きく影響することなどから、同性カップルの親密な結合とその公的な承認、法制度としての同性婚を認めるべきとする見解をとっている。

こうした学説は訴訟で弁護士が提示する主張の根拠として使われたり、判決で引用されるほか、学者自身が裁判所にアミカス・ブリーフを提出する場合もある。アミカス・ブリーフとは、訴訟にあたり事件の第三者である識者や団体が、訴訟当事者の主張を補足・支援するために情報や見解を提示する文書のことである。またアミカス・ブリーフを提出する第三者のことをアミカス・キュリイ（裁判所の友）という。裁判官は判決を下す際にアミカス・ブリーフを有用な情報源として参照するため、判決結果にも影響を与えるとされる。[26]本節で取り上げたボールやコッペルマンは、第5章で詳述する2015年のオバーゲフェル判決の際にアミカス・ブリーフを提出している。

## マサチューセッツ州で全米初の同性婚――グッドリッジ対公衆衛生局判決（2003年）

1990年代以降に本格化する同性婚訴訟で特筆すべきは、訴訟戦略である。たとえば原告は長年にわたって安定した関係性にあり、子育て中であったり片方が病気のためにケアを要するなど、婚姻できないがための明確な不利益があるか。訴訟地となる州がジェンダー・ニュートラルな婚姻法や性的マイノリティの権利に関する法を持つか。プライヴァシーや個人の権利に関する憲法の伝統があるか。（ハワイ州で婚姻を異性カップルに保持する内容の州憲法修正が行われたこともふまえ）どのような州憲法手続を持つか。これらの事柄が同性愛者当事者である弁護士や権利団体によって入念にリサーチされ、原告および訴訟地が選ばれた。

2001年、7組14名の同性カップルが婚姻許可証の拒否はマサチューセッツ州憲法に違反するとして公衆衛生局と局長（州）を訴えた。7組のカップルのうち4組はそれぞれ共同で子どもを育てており、3組のカップルは健康上の問題を抱えていた。各カップルはそれぞれ、入院時の面会や家族保険の加入、共同で育てている子どもに対する保護や利益が制限を受けるなど、婚姻に伴う利益を得られないための法的・財政的負担に関わる経験を持っていた。[27]

訴訟をけん引したのは、マサチューセッツ州ボストンが拠点の同性愛者権利擁護団体グラッド(GLAD, Gay & Lesbian Advocates & Defenders)である。グラッドは以下の理由からマサチューセッツ州を訴訟地に選んだ。第一に、同州は1989年、ウィスコンシン州に次いで全米で2番目に同性愛者の雇用差別や公共施設の利用に対する差別を禁じる州法を制定していたこと、第二に、1990年に性的指向はそれ自体で親の監護権や面会交流権を否定する根拠にはならないとの政策決定を出していたこと、第三に、1993年に州最高裁が同性カップルの連れ子養子縁組を認めていたこと[28]、である。

2003年11月18日、マサチューセッツ州最高裁はグッドリッジ対公衆衛生局判決[29]で、全米で初めて同性カップルの婚姻する権利を認めた。州最高裁はどのように判断したのだろうか。

1 マサチューセッツ州憲法はすべての個人の尊厳と平等を認め、二級市民(second-class citizens)を作り出すことを禁じている。市民婚という保護、利益、義務へのアクセスから排除されることにより、同性の他者と親密で独占的な結びつきに入ろうとする人は、私たちのコミュニティでもっとも価値ある、祝福される制度の一つに加わる資格を恣意的に奪われている。その排除は個人の自律と法の下の平等を尊重する州憲法の原則と相いれない。

2 市民婚に伴う保護、利益、および義務を異性カップルに限定することは、マサチューセッツ州憲法により保護される個人の自由および法の下の平等という基本前提に違反する。

3　州最高裁は、市民婚とは他者を排除した、配偶者としての2人の自発的な結びつきを意味するものと解する。この再定義は（結婚から排除された）原告の憲法上の損害に報い、安定した独占的な関係性を促進するという結婚の目的を推進するものである。

4　判決の効力は180日間停止される。立法者はこの法廷意見に則して適切とみなされる行動をとることが認められる。

グッドリッジ判決は実に明確であった。州憲法は個人の尊厳と平等を認めている。同性カップルを婚姻制度から排除することは二級市民を作り出すため、州憲法に違反すると判断したのである。さらに婚姻の定義も「男女間のもの」ではなく「2人の自発的な結びつき」と、ジェンダー・ニュートラルなものとして再解釈した。

この判決に対しマサチューセッツ州知事のミット・ロムニー（1947―）は「婚姻は男女間の結びつきであるべきだ」との見解を示し、同性婚を除外するための州憲法修正の提案と、グッドリッジ判決の効力停止を求めた。

2004年2月、マサチューセッツ州議会はシビル・ユニオン法案を州最高裁に打診する。婚姻という名称は認めないが、同性カップルにそれ以外の権利を認める方策なら可能ではないかと考えたわけである。州最高裁は「〔シビル・ユニオンは〕憲法が禁じる排除というスティグマを維持し、培う効果を持つ」[30]として法案を拒否したが、州議会は最終的に妥協策としてシビル・ユニオンを採用した。

同年3月、同性カップルのためのシビル・ユニオンを確立し、一方で「婚姻は男女間の結びつき」との定義を盛り込む州憲法修正が105対92で可決された。[31]だが、この州憲法修正が有効になるには次期議会の承認と住民投票が必要であった。そのため、州最高裁が指示した通り、2004年5月17日に同性カップルに対し婚姻許可証が発行された。最初の婚姻許可証発行から6ヵ月間に約6千組の同性カップルが婚姻許可証を手にしたといわれる。[32]なお、2005年の住民投票でこの州憲法修正案は否決された。

## ブッシュ大統領の「神聖なる婚姻」演説と婚姻許可証発行騒ぎ

マサチューセッツ州で同性婚が認められたことは全米に大きな関心を呼び起こした。婚姻の形を変えるこの動きは、マサチューセッツ州だけに留まらないかもしれない。福音派を中心とした保守派はそう懸念した。しかし保守派にとって幸いだったのは、当時のジョージ・W・ブッシュ大統領（元テキサス州知事）が第2章で述べたように熱心な福音派であり、道徳的保守の価値観を持つ人物であったことである。2004年1月20日、保守派の懸念に応えるようにブッシュ大統領は一般教書演説で次のように述べた。

強いアメリカはまた、婚姻制度を評価せねばなりません。我が文明のもっとも基本的で永続的な制度の一つを確固として支持するように、我々は個人を尊重すべきなのです。連邦議会はすでに1996年にクリントン大統領により署名された婚姻防衛法を通過させることにより、この問題に態度を示してきました。同法は、連邦法下で男女間の結びつきとしての婚姻を保護し、ある州は他州のために婚姻を再定義できないと宣言しています。しかし、活動家の裁判官たちは、国民や国民の選出した代表の意思を配慮することなく、裁判所命令によって婚姻を再定義し始めているのです。重大な結果をもたらす問題については、国民の声が聞かれねばなりません。もし、裁判官たちがその恣意的な意思を国民に押しつけるのであれば、残された唯一の代替策は憲法手続でしょう。我が国は神聖なる婚姻（sanctity of marriage）を守らなければならないのです。[33]

図4-1　ジョージ・W・ブッシュ

国民の意思を無視して活動家の裁判官が同性婚を認めていくのなら、連邦憲法を変えて神聖なる婚姻、すなわち男女間の婚姻を連邦憲法に規定すべきとの提案である。この演説に憤りを感じたカリフォルニア州サンフランシスコ市長のギャヴィン・ニューサム（現カリフォルニア州知事）は、同年2月12日、独自に同性カップルに婚姻許可証の発行を始めた。発行対象はサンフランシスコ在住者に限られていなかったため、全米中から同性カップルがサンフランシスコ市役所に訪れ、以降2週間で約3500組の同性カップルが婚姻許可証を手にした。[34]

図4-2　2004年2月15日、婚姻許可証を求めてサンフランシスコ市役所前に並ぶ人々

図4-3　2004年3月、同性婚を求めるサンフランシスコのデモ

2週間後、同性婚に反対する住民や非営利団体からカリフォルニア州裁判所に同性カップルへの婚姻許可証発行を差し止める訴えが出された。同年8月、カリフォルニア州最高裁は（男女間の婚姻を規定する）州婚姻法を維持し、同性カップルへ発行された約4千枚の婚姻許可証は無効であり、市長には明文で規定された州婚姻法を無視する権限はないと判断した。[35]

## 連邦婚姻修正――「婚姻は男女間の結びつき」

本章の冒頭で述べたように、1999年、ヴァーモント州最高裁はベイカー対ヴァーモント州判決で「婚姻から生じる共通利益および保護を同性カップルに拡大すべき」と判断し、同州でシビル・ユニオンが認められた。そして2003年にはマサチューセッツ州最高裁がグッドリッジ判決で同性婚を認めた。婚姻防衛法は連邦法上「婚姻は男女間の結びつき」と定義するが、このグッドリッジ判決以降、婚姻防衛法の違憲性を問う訴訟が各地で起こされていた。第3章でみたように審議過程から違憲の疑いが出されていただけに、裁判所が婚姻防衛法を違憲と判断する可能性は否定できなかった。

そこで保守派が考えたのが、連邦憲法を修正して、「婚姻は男女間の結びつき」という定義を盛り込むことである（連邦婚姻修正 Federal Marriage Amendment）。連邦憲法に婚姻の定義が入ってしまえば、各州の裁判所は同性婚を認める判決が出せなくなる。こうした考えにもとづき、保守派の代表的な法学者、ロバート・ジョージ、ジェラルド・ブラッドレー、ロバート・ボークらにより連邦婚姻修正が起草された[36]。2002年5月15日、連邦婚姻修正が法案として連邦議会に提出された。次のような条文である。

> 合衆国の婚姻は1人の男性と1人の女性の結びつきからのみなるべきである。連邦憲法も、いかなる州の憲法、州法、連邦法も、婚姻の地位あるいはそこから生じる法的事柄が、未婚のカップルや集団に付与されることが求められるとは解釈されない[37]。

連邦憲法でいう婚姻とは1人の男性と1人の女性の結びつきであり、婚姻の地位や婚姻に伴う法的利益等はそれ以外の人々には認められるべきではないという内容である。連邦婚姻修正によって連邦憲法に「婚姻は男女間の結びつき」との定義が盛り込まれた場合、同性婚を実施している州があったとしても、同性婚と同性婚から生じる法的利益、義務は無効となる。ブッシュ大統領は2004年1月の一般教書演説に続き、2月の演説でも次のように述べて連邦婚姻修正への支持を表明した。

> ここ数ヵ月、活動家の裁判官と地方役人は婚姻を再定義する攻撃的な試みをしてきました。

……2世紀以上にわたるアメリカ法学、また数千年の人類の経験を経て、幾人かの裁判官と地方当局が文明のもっとも基本的な制度を変えようとしています。……もし我々が婚姻の意味が永久に変わってしまうことを防ごうとするならば、アメリカの婚姻を守るために我が国は憲法を修正せねばなりません。[38]

ブッシュ大統領の念頭にあったのは、03年のグッドリッジ判決と04年2月にサンフランシスコ市で起こった同性カップルへの婚姻許可証発行騒ぎである。ブッシュ大統領は活動家の裁判官が同性婚を認める判決を出して婚姻の定義を変えてしまうことをやめさせ、神聖な婚姻を守るためには、最高法規である連邦憲法に婚姻の定義を盛り込むことが必要であると主張した。

また、03年に連邦婚姻修正案を提出したコロラド州選出のマリリン・マスグレイブ議員は、04年5月の下院司法委員会の聴聞で法案提出理由を次のように述べている。

男女が互いに補いあうように作られたという自明の生物学的事実は、人類の歴史全体、あらゆる社会、いつどんな場所であっても、婚姻が異性の人々の間にある関係であったことの理由です。男性が男性と「結婚する」、女性が女性と「結婚する」ことは実質的な意味において不可能であり、また「婚姻」という言葉の意味は必然的に男女間の関係を意図するものです。

……なぜ、連邦婚姻修正が必要なのでしょうか。悲しいことに、その答えは一定の裁判官が、憲法の条文や構造、あるいは我が国の途切れない歴史と伝統を顧みようとしないという事実の中にあります。彼らは、アメリカ市民が望んでも求めてもいない社会革命を進める手段として、憲法を解釈する権限を使おうとしているのです。

こうした司法積極主義〔積極的に違憲判断を下す裁判官の姿勢を指す〕を止め、全社会制度の中でもっとも重要で根本的な婚姻制度を規定する、非常に重要な法に関するアメリカ市民の自治権を保護するために、私は連邦婚姻修正案を提出しました。[39]

連邦婚姻修正をめぐる議事録には、婚姻防衛法制定時と同様に「家族の価値」のイデオロギーが顕著に表れている。すなわち、婚姻は神聖なものであり、男女（父母）からなる婚姻が重要である、という主張である。少々長くなるが、こうしたイデオロギーを理解するのに重要なため、連邦議会議事録をみてみよう。

私は、婚姻制度は神聖な結びつきであると考えます。婚姻は連邦議会や連邦憲法よりも古い制度です。婚姻は単なる法的契約ではありません。欠陥はあるにせよ、婚姻は個人と家族を互いに忠実に結びつけるものであり、何世紀にもわたり我が国のみならず我々の文化に社会的安定を付与してきたものです。

婚姻は重要です。それは、アメリカ市民、子どもたち、我が国の未来にとって重要です。なぜなら、強い家族が強い道徳と強い国家をともに育むからです[40]。

私は婚姻保護修正を強く支持します。……アメリカを強くしているものはアメリカの家族です。アメリカの家族を強くしているものは婚姻です。本法案は、我が国創設以来、婚姻が意味してきたものを強化するものです。要するに、婚姻は1人の男性と1人の女性からなるということです。

家庭での婚姻の主な責任とは、子育てでしょう。子どもは父を必要とし、また健全で適切な発達のために母を必要とします。男女は互いを補いあうように作られており、そのことは子育てがうまくいくということにもっとも明らかです[41]。

家族とは、子どもを作り、育てることのできる男女のことです。……1人の男性と1人の女性が子どもをつくり、そうしてその子らに価値観を伝えることができ、その子らが理想の家庭で育つという婚姻の定義が壊されるならば、この国は衰退するでしょう。だから、信じてください。この国の皆が今日、どのように投票すべきか知ろうとしていると。

婚姻と婚姻の定義をどのように根本的に守るのか、知ろうとしていると。……我々は決してあきらめません。この国の婚姻を守ってみせます。[42]

審議過程では、情緒的ともいえるこれらの発言が連邦婚姻修正擁護派により繰り返されている。目立つのは、婚姻および父母の存在は子どもの最適な教育環境のために必要であり、連邦婚姻修正による異性婚の維持は子どものために必要であるとの主張である。また、司法積極主義に対する苦言もみられる。

残念ながら今日、ひとにぎりの裁判官が連邦憲法を実質的に修正するような判決を出しているという事実に私たちは直面させられています。彼らはその判決で民主的手続を出し抜いています。したがって、私たちに残された決定は、憲法は修正されるか否かではなく、誰が修正するかなのです。活動家の裁判官か、アメリカ市民か。[43]

これらの発言からみてとれるのは、国の基礎であり伝統的制度である婚姻が、司法積極主義によって変えられようとしているという危機感である。連邦婚姻修正派にとっては、民主的に選出されたわけでもない裁判官が婚姻防衛法を違憲と判断し、婚姻の定義を永久に変えてしまうことを防ぐためにも、連邦婚姻修正は必要なのである。

連邦憲法修正には、連邦議会両院議員の3分の2の支持によって憲法修正を提案したうえで、全米50州のうち4分の3以上の州の採択を得なければならない。2004年には上下両院で連邦婚姻修正の提案を決める投票が行われたが、議員の3分の2の支持を得ることはできず、州の採択手続までには至らなかった[44]。

2003年のグッドリッジ判決や連邦婚姻修正をめぐる審議などを背景に、2004年11月の大統領選挙は中絶や同性婚の是非を問う「道徳的価値 moral values」が最大の争点となった。このとき福音派で伝統的婚姻の維持を主張していたブッシュ大統領が白人福音派の8割近い支持を受け、再選を果たした。福音派の支持はブッシュが獲得した票全体の3割を占めており、福音派の動向はブッシュ大統領の再選に重要な役割を果たしたといえるだろう[45]。大統領選の際にはクリスチャン連合事務局長のラルフ・リードが選挙委員会のスタッフとして参加し、宗教右派のメンバーが共和党ボランティアとして動員された。リードは2005年に『タイム』誌の「もっとも影響力がある人物」の1人に選ばれ、トランプ大統領とも親しい人物である[46]。大統領選と同時にミズーリ州、ネブラスカ州など11州で婚姻を男女間の結びつきとする旨の州憲法修正案をめぐる住民投票が行われ、圧倒的多数の支持にもとづき州憲法修正が行われた。このうち8州の州憲法修正案は同性婚のみならず、シビル・ユニオンも禁じる内容であった[47]。

ここまで、ソドミー法が違憲とされたローレンス対テキサス連邦最高裁判決、マサチューセッツ州での同性婚承認とそれに対するバックラッシュなど、2000年代前半の同性婚をめぐる動きをみてきた。2000年代前半に同性婚を認めていたのはマサチューセッツ州のみで、44州で婚姻を男女間のものと定義する州法があり、同性婚の承認をめぐってアメリカ世論は割れていた。そうした中、1990年代後半から再び台頭してきた宗教右派が共和党の大票田として同性婚に反対する動き（バックラッシュ）を牽引した。しかし2010年代になると州レベルで徐々に同性婚が認められるようになっていく。2015年に同性婚が全米レベルで認められるまでに、どのような動きがあったのだろうか。

# 第5章　なぜ同性婚は実現したのか
## ——オバマ政権での展開と世論の逆転

前章でみたとおり、2004年に全米で初めてマサチューセッツ州で同性婚が認められた。2008年4月にアイオワ州とヴァーモント州で同性婚が認められ、その後2013年までに同性婚を認める州と特別区は17となった（表5－1）。注目すべきは承認までの過程である。コネティカット州とアイオワ州では州最高裁判決により同性婚が承認されたが[01]、ミネソタ州、メリーランド州、ワシントン州などでは議会の議決あるいは住民投票によって同性婚が認められた[02]。これは有権者から選出された民主的正当性を持つ議会あるいは有権者自身が、同性婚を認めたということである。ギャロップ調査によれば、同性婚の賛否をめぐり2000年以降拮抗していた世論は、2011年に同性婚を支持する割合が53％となり、初めて過半数を超えた[03]。

同性婚を認める州が増えるにつれ、実質的な不利益を伴う問題として生じてきたのが、同性カッ

表5-1　2013年までに同性婚を認めた16州と特別区

| 承認年 | 同性婚を認めた州・特別区 |
|---|---|
| 2004年 | マサチューセッツ州 |
| 2008年 | コネティカット州、カリフォルニア州（5ヵ月で中止、2013年再開） |
| 2009年 | アイオワ州、ヴァーモント州 |
| 2010年 | コロンビア特別区（ワシントンDC）、ニューハンプシャー州 |
| 2011年 | ニューヨーク州 |
| 2012年 | ワシントン州、メイン州、メリーランド州 |
| 2013年 | ロードアイランド州、デラウェア州、ミネソタ州、ハワイ州、ニューメキシコ州、ニュージャージー州 |

プルの連邦法上の取り扱いである。第3章でみたように、婚姻防衛法第2節は、ある州で認められた同性婚の効力は他州に及ばないと規定し、第3節は、連邦法上の婚姻とは男女間の法的結びつきをさすと定義する。ある州で同性婚をしている者は、連邦法上は未婚者として扱われ、例えば税金を（実質同じ状況で生活している）異性カップルよりも多く支払わなければならない。10年もその状態が続けば両者の差額はかなりのものとなる。こうした不合理を婚姻防衛法がもたらしていた。

家族法学者のリン・ワードルによれば、2004年から10年にかけて婚姻防衛法を違憲と訴える訴訟について5つの連邦裁判所判決があり、いずれも合憲と判断されている。[04] しかし09年、民主党のバラク・オバマ政権が成立したことにより状況が変わった。オバマ大統領は大統領選の段階から婚姻防衛法に反対しており、明確に同性愛者の権利を擁護する姿勢をみせていた。こうしたオバマ大統領の姿勢もあり、11年3月には連邦議会で婚姻防衛法を廃止し、婚姻の地位を州の承認に委ねるとする婚姻法尊重法案（Respect for Marriage Act）が提出された。[05] 世論調査でも同性婚への支持が拡大する中で、2013年に重要な判決が出る。連邦最高裁がアメリカ対ウィンザー判決で、婚姻防衛法第3節は違憲であると判断したのである。[06]

## アメリカを訴えたウィンザー——婚姻防衛法違憲判決（2013年）

2010年、エディス・ウィンザー（1929—2017）という女性が連邦地裁に訴訟を提起した。2007年、ウィンザーは、2005年に同性婚を認めたカナダで同性パートナーのシーア・スパイヤーと婚姻し、ドメスティック・パートナーシップが1993年から施行されているニューヨークに住んでいた。2009年にパートナーが死去し、全財産がウィンザーに残された。ニューヨーク州はカナダの同性婚を有効であると認めていた。しかし、ウィンザーは内国歳入庁から遺産相続税36万3053ドルの納税を命じられる。異性であれば配偶者とみなされ、相続税が免除される。しかし婚姻防衛法第3節があるためにウィンザーは連邦法上の配偶者と認められず、多額の税金を支払わねばならなかった。ウィンザーは、婚姻防衛法第3節は連邦憲法修正第5条の平等保護に違反するとして納税額の返還を求めて連邦地裁に提訴した。[07]

この訴訟はやや変わった経緯をたどった。第一に、訴えられた側（被告）である政府（オバマ大統領）が婚姻防衛法を擁護しなかったこと、第二に、オバマ大統領の代わりに連邦議会下院の両党派法律諮問グループ（Bipartisan Legal Advisory Group）が訴訟に加わったことである。

第一審が審議されている2011年2月、連邦司法長官とオバマ大統領は、「州法の下で婚姻している同性カップルに適用される場合、婚姻防衛法第3節は連邦憲法修正第5条が規定する平等保護の内容に違反する」との見解を明らかにした。[08] 法を実施する立場にある政府（オバマ大統領および司法省）が、婚姻防衛法は同性カップルを差別する法律であるから擁護しない、という姿勢を表明してしまったのである。ただし、議会制定法の擁護および実施を担うために法の施行は行われるものとした（よって、ウィンザーは税金の返還を受けられずに訴訟は継続された）。訴訟で訴えられた側が、原告と同じ見解に立ってしまったのである。では、どうやって訴訟を継続すればよいか。翌12年3月、連邦議会下院で両党派法律諮問グループが召集された。このグループは下院共和党のトップ3人（議長、院内総務、院内幹事）と民主党院内総務および院内幹事の2人からなる諮問機関である。[09] 同グループは婚姻防衛法を擁護しないオバマ大統領の

図5–1　エディス・ウインザー（左）と秘書のジュエル（2016年）

代わりに訴訟への参加を表明した。

ちなみに、オバマ大統領は大統領選や第一期政権では保守的な黒人支持層に配慮してシビル・ユニオンを支持していたが、2012年5月に同性婚支持に立場を変えたことを表明する。[10]

通常みられない政府の動きもあり、全米がこの訴訟の経過に注目した。婚姻防衛法に違憲判決が出れば、次は同性婚（婚姻の平等）が全米レベルで認められてもおかしくないからである。反対に、婚姻防衛法が合憲となれば全米レベルの同性婚は遠のく。論点は、①両党派法律諮問グループはそもそも訴訟に参加できるのか（連邦最高裁への上訴権があるか）、②婚姻防衛法第3節は合憲か、であった。

まずは連邦最高裁の判断内容をまとめてみよう。

### 1　（①両党派法律諮問グループの上訴権について）

司法権のおよぶ範囲を定めた連邦憲法第3条の求める当事者適格の要件（事実上の損害、行為と損害の因果関係、判決により損害が賠償されること）と、司法の自治にかかわる裁量的な裁判権を、連邦最高裁は区別してきた。両党派法律諮問グループの明確な敵対的立場は裁量的な裁判権を満たすものである。もし連邦最高裁が本件を棄却すれば、さらなる訴訟が続いて起こるだろう。こうした常にない切迫した状況では、裁判を行うことが連邦最高裁の責任の適切な行使となる。

裁量的な裁判権と、連邦憲法第3条の要件がここで満たされる。結論として、連邦最高裁は両党派法律諮問グループが上訴権を持つかどうかについて決定する必要はない。

2　歴史的にも伝統的にも、婚姻の定義と規制は各州の領域と権限の内部で取り扱われてきた。その伝統から逸脱する婚姻防衛法は、同性カップルから連邦上の婚姻の承認に伴う利益と責任をはく奪するものとして作用する。婚姻防衛法がかかわる千以上の制定法および多くの連邦規制は、社会保障、住居、税金、刑法、著作権、退役軍人給付におよぶ。婚姻防衛法の主要な効果は、州が認めた一群の婚姻〔同性婚〕を特定し、それらを不平等にすることである。また、婚姻防衛法は同性カップルにより育てられている何万人もの子どもに屈辱を与えている。

3　（②婚姻防衛法の合憲性について）

婚姻防衛法は連邦憲法修正第5条で保護される個人の自由を奪うものであり、違憲である。修正第5条デュー・プロセス条項が保護する自由は、法の平等保護を個人に否定することに対する禁止も含んでいる。婚姻防衛法がその制限および抑制を向けるのは、州により合法とされた同性婚をしている人々である。同性婚をしている人々を他者に比べて尊重しない扱いをする婚姻防衛法は、連邦憲法修正第5条に違反する。

連邦最高裁は両党派法律諮問グループが訴訟に参加できるかどうか（連邦最高裁への上訴権があるか）は問題にせず、今後も婚姻防衛法の合憲性をめぐる訴訟が起きる状況の中では、この対立に対し司法が判断できるという立場を取った。同性カップルは、婚姻防衛法のために千以上の連邦法上の法的保護、利益から排除されている。州法と連邦法とで異なる取り扱いは、州で同性婚をした同性カップルを二流の婚姻という不安定な立場においている。これは差別であり、婚姻防衛法は連邦憲法修正第5条デュー・プロセス条項に含まれる法の平等保護に違反すると判断したのだった。

ウィンザー判決は婚姻防衛法によるあからさまな差別的取り扱いの合憲性が問われたため、全米の関心を引き起こした。原告のウィンザーは2013年を代表する人権活動家として、『タイム』誌の表紙を飾った。このアメリカ対ウィンザー判決は、2015年の全米レベルでの同性婚承認への道を切り開いたという意味で重要な判決である。

## カリフォルニア州憲法修正案、提案8号

ウィンザー判決が出た同日、連邦最高裁は婚姻を男女間のものと規定するカリフォルニア州憲法修正案、提案8号（Proposition 8）についても判断を下している。

1996年の婚姻防衛法制定後、各州で婚姻を男女間のものとする定義を州法に盛り込む動きが

生じた。カリフォルニア州でも２０００年に「男女間の婚姻のみが有効であり、公認される」と規定する提案22号が出され、住民投票で６割の支持を得て州家族法に提案22号の文言が追加されていた。[11]提案22号を主張したのは、保守派の上院議員ウィリアム・ナイト（１９３０―２００４）である。

第４章で述べたように２００４年２月、連邦婚姻修正を求めるブッシュ大統領の一般教書演説に憤ったサンフランシスコ市長のニューサムが、同性カップルに対して婚姻許可証を発行した。ちなみに当時のカリフォルニア州知事は、アクション映画で有名なハリウッド俳優のアーノルド・シュワルツェネッガーである。シュワルツェネッガー知事は個人としては同性婚を認めても構わないとする立場だったが、共和党の支持層に配慮して州司法長官に婚姻許可証発行を取りやめるよう命じた。州司法長官は州最高裁に婚姻許可証発行を差し止める訴訟を提起した。同年８月12日、州最高裁は、州家族法は婚姻を「男女間の市民契約から生じる個人的な関係」と明確に定義しているのだから、行われた同性婚は無効であると判断した。[12] 12月には、州家族法の規定は州憲法に違反すると主張する同性婚訴訟が６件、裁判所に提起された。

２００８年５月、州最高裁は上記６件の訴訟を併合審理の上、州憲法は異性カップルと同様に同性カップルに婚姻するという基本的権利を保障しており、同性カップルを婚姻から排除する州婚姻法は違憲であると判断した。[13]この州最高裁判決にもとづき、翌６月から同性カップルへの婚姻許可証が発行されることになった。不満がおさまらないのは保守派である。上院議員ナイトは04年に白

図 5-2　2008 年 11 月 15 日、カリフォルニア州で通過した提案 8 号に抗議する同性婚支持派の人々

血病で死亡するが、妻のゲイル・ナイトは「婚姻を守れ Protect Marriage」という団体を組織し、「カリフォルニア州では男女間の婚姻のみが有効であり、公認される」との定義を州憲法に盛り込む提案8号を住民投票にかけるキャンペーンを始めた。[14] カトリック教会やモルモン教会、福音派教会が支援のためのボランティアや資金を提供した。このキャンペーンで使われた資金は提案8号賛成派（同性婚反対派）が4000万ドル、提案8号反対派（同性婚支持派）が4300万ドルと、[15] 実に大統領選レベルの多額の資金が用いられ、テレビCMなどで住民投票を呼びかけるキャンペーンが展開された。2008年11月2日、提案8号の是非を問う住民投票は大統領選と同日に行われた。結果は賛成52・5%、反対47・5%と僅差で提案8号が可決され、[16] カリフォルニア州での同性婚の実施は5ヵ月で中止された。翌09年、州最高裁は提案8号を合憲であると判断した。ただし提案8号の効果は遡及せず、08年6月から11月まで同州でなされた1万8千組の同性婚の効力は有効であるとした。[17]

提案8号の合憲性を問う訴訟はその後、連邦裁判所に提起される

図5‒3　2013年、サンフランシスコのプライドパレードに参加するホリングスワース対ペリー判決の原告サンドラ・スティアー（左）とクリスティン・ペリー

ことになった。この訴訟は全米の注目を集めた。著名な弁護士であるテッド・オルソン（1940―）とデヴィッド・ボイエズ（1941―）が原告である2組の同性カップルの代理人についたためである。オルソンはブッシュ政権で訟務長官を務め、ボイエズは2010年の『タイム』誌「世界でもっとも影響力のある人物100人」に選ばれた弁護士である。2人は大統領選出の手続が問題となった2000年のブッシュ対ゴア判決[18]でそれぞれの大統領候補者の代理人を務めた。保守的なブッシュ政権の中枢にいたオルソンが同性婚を支持する立場の弁護士についたというのは意外かもしれない。オルソンは、カリフォルニア州での同性婚の実現を描いたドキュメンタリー映画『ジェンダー・マリアージュ――全米を揺るがした同性婚裁判』（2014年）の中で、次のように述べている。

結婚は保守的な制度です。愛し合う2人が安定した関係を求めるのは当然です。彼らが家族となり地域社会に参加したいなら社会は彼らの結婚を認めるべきです。[19]

婚姻は保守的な制度であるからこそ、保守派のオルソンは婚姻の平等は実現されるべきとして原告の代理人を引き受けたのである。

注目を集めた第二の理由は、被告として訴えられた行政（シュワルツェネッガー州知事および州司法長官）が異性婚に限定された州法の実施を拒んだために、提案8号の公的提案者（「婚姻を守れ」代表のゲイル・ナイトのほか、デニス・ホリングスワースなど計5人のカリフォルニア州民）が訴訟に参加したという点である。カリフォルニア州で同性カップルは婚姻する権利を持つのかという点に加えて、訴えられた行政以外の者が訴訟を引き継ぐことはできるのかという当事者適格（訴訟当事者になれる資格）の問題も論点となった。第一審の連邦地裁は、提案8号は同性カップルを異性カップルよりも劣ったものとする道徳観にもとづくものであり、連邦憲法修正第14条デュー・プロセス条項および平等保護条項に違反すると判断した[20]。第二審の第9巡回控訴裁判所は公的提案者が控訴人として訴訟に参加することは認めたものの、提案8号は同性カップルから婚姻という名称と婚姻に伴う社会的に認められた地位を取り去るものであり、連邦憲法修正第14条平等保護条項に違反すると判断した[21]。

２０１２年12月、連邦最高裁は公的提案者からの裁量上訴を受理し、提案8号の合憲性および公的提案者に当事者適格があるかにつき審理するものとした。

２０１３年6月26日、ウィンザー判決と同日、連邦最高裁は提案8号の公的提案者に当事者適格はないと判断した(ホリングスワース対ペリー判決)。連邦憲法第3条2節は訴訟を提起する者に当事者適格があることを求めている。公的提案者は訴訟当事者に必要とされる具体的かつ特記すべき損害は被っておらず、いかに真摯なものであれ、一般的な苦情は当事者適格を認めるには不十分であると連邦最高裁は判断した。そして第9巡回控訴裁判所は権限なく本件を審理したため無効であるとして、事件を第一審へと差し戻した。[22]第一審の連邦地裁判決は提案8号が連邦憲法違反であるとし、同性婚を認める内容であったから、カリフォルニア州では2013年6月28日に同性婚が再開された。

## 同性婚をめぐる世論の逆転

本章の冒頭でみたように、2008年以降に同性婚を認める州が増えていき、加えて同性愛者に対する法的取り扱いも変化した。09年には性的指向に対する偏見によるヘイトクライムを禁じる連邦法のマシュー・シェパード法が制定された。[23]また11年9月には、オバマ政権下で、同性愛者であることを明らかにした人の軍勤務を禁じる「聞くな、言うな Don't Ask Don't Tell」政策が廃止された。これは1993年、クリントン政権下で導入された米軍の政策である。同性愛者であるかどうかを聞いてはいけない、同性愛者であることを言ってはいけない、同性と性的接触や婚姻をしてはいけない。同性愛者は性的指向を明らかにしない限りで軍勤務を許容されるという内容である。この「聞くな、言うな」政策は同性愛者の軍勤務に寛容を示したものとされたが、実際には政策実施以降同性愛者であることを理由に1万4千人以上の者が除隊させられたといわれる。[24]

また、2010年以降には有名人が次々と同性愛者であるとカミングアウトし、同性婚への支持を表明した。たとえば、当時ハリウッド俳優のブラッド・ピットとパートナー関係にあった女優のアンジェリーナ・ジョリーは、自身がバイセクシュアルであることから全米で同性婚が認められるまでは結婚をしないと公言した。またアカデミー賞を受賞した女優のアン・ハサウェイは兄がゲイであるため同性婚を支持し、12年には自身の結婚式の写真の売り上げをゲイ権利団体に寄付している。2度アカデミー賞を受賞した女優のジョディ・フォスターは、14年に同性婚をしたことを明らかにした。2001年から09年にかけブッシュ政権の下で副大統領を務めたディック・チェイニーは、娘のメアリー・チェイニーがレズビアンであることから同性婚に好意的であった。第4章で言及したブッシュ大統領が提案した連邦婚姻修正についても、「人々は望むあらゆる種類の関係に入る自由を持つべき」[25]として政権中枢の人物でありながら政権とは相反する見解を明らかにしていた。その後、メアリー・チェイニーは12年にワシントンDCで同性婚をしている。経済界にもこの動きは広がった。14年にはアップル社CEOのティム・クックがゲイであるとカミングアウトした。クックはアップル創業者のスティーブ・ジョブズの後を継いでCEOに就任した人物である。彼がカミングアウトを決めたのは、ゲイの権利をめぐり分断されているアメリカ社会の中で市民的権利をより進展させるためであるという。性的指向を明らかにしたエッセイの中で、彼は「ゲイであることを誇りに思う[26]」と述べている。

## 全米レベルの同性婚の実現――オバーゲフェル判決の勝利（2015年）

2015年の段階で、全米50州のうち同性婚を認める州は36州とワシントンDCにおよんでいた。各州で同性婚を認める流れが進む中、連邦最高裁が決定的な判断を下した。全米レベルで同性婚が認められたのである。ジャーナリストのデビー・センチパーは訴訟の名前となった原告ジム・オバーゲフェルの連邦最高裁判決に至るまでの詳細を取材し、本にしている。

オハイオ州在住のジム・オバーゲフェルがジョン・アーサーと出会ったのは1992年だった。2人は恋に落ち、その後20年以上にわたり安定した継続的な関係にあった。2011年、アーサーがALS（筋萎縮性側索硬化症）の診断を受ける。ALSは運動神経細胞が侵され、全身の筋肉が徐々に動かなくなっていく難病で、治療法は見つかっていない。病が進行する中、オバーゲフェルはアーサーのケアにあたった。しかし、アーサーが死亡したあとオバーゲフェルが生存配偶者として死亡証明書に記載されることはない。連邦婚姻修正を主張したブッシュ大統領が2004年に再選された折、オハイオ州は婚姻を男女間の結びつきと定義する州憲法を可決し、同性婚を否定していたからである[27]。

転機が訪れたのは2013年6月26日、連邦最高裁でウィンザー判決が出たときだった。1996年の制定時点で「同性愛者いじめ」と称された婚姻防衛法が違憲と判断されたのである。連邦政府は同性婚をしたカップルに対し異性カップルと異なる取り扱いをしてはならない、と連邦最高裁は判断した。この判決にもとづけば、オハイオ州は他州で行われた同性婚の効果を否定できないのではないか。オバーゲフェルはすぐに他州の法律を調べた。そして居住要件がなく、かつ当事者の一方のみが裁判所に出向けば婚姻許可証が得られるメリーランド州を見つけた。[28] ALSで移動が困難なアーサーのため、医療飛行機がチャーターされた。2人はオハイオ州からメリーランド州バルチモアへ飛び、医療飛行機の中で婚姻した。3ヵ月後、アーサーは死亡した。

オバーゲフェルはメリーランド州での同性婚にもとづき、アーサーの死亡証明書に生存配偶者として記載されることをオハイオ州に求めて提訴した。

オバーゲフェルを含む原告は、ミシガン州、ケンタッキー州、オハイオ州、テネシー州から提訴した14組の同性カップルと、パートナーを亡くした男性2人である。[29] ミシガン、オハイオ、ケンタッキーの3州は2004年、テネシー州は06年にそれぞれ州憲法を修正し、「婚姻は男女間の結びつき」あるいは「男女間の婚姻のみが有効」とする定義を盛り込んでいる。

それぞれの訴訟は第6巡回控訴裁判所で併合審理された結果、州は同性婚を認める連邦憲法上の義務も、他州で行われた同性婚を認める連邦憲法上の義務もないと判断された。[30]

図5-4　オバーゲフェル判決の連邦最高裁裁判官：後列左から、ソトマイヨール、ブライヤー、アリトー、ケイガン、前列左から、トーマス、スカリア、ロバーツ（主席裁判官）、ケネディ、ギンズバーグ

２０１５年1月、連邦最高裁は原告からの裁量上訴を受理した。裁量上訴の申し立ては年に7千件にものぼる。受理するかどうかは連邦最高裁の判断に委ねられるため、1年に受理される訴訟は重要と見なされた１００〜１５０件にすぎない。[31]とうとう最終審である連邦最高裁で同性婚の承認が判断されるときがやってきたのである。

アメリカ合衆国連邦最高裁は、長官である主席裁判官（Chief Justice）と8名の陪席裁判官（Associate Justices）の計9名で構成される。連邦最高裁裁判官は大統領による指名と連邦議会上院の承認をもって任命される、終身制の役職である。このため、民主党、共和党どちらの大統領が指名をするかで裁判官の姿勢は大きく異なる。リベラル派とされるルース・ギンズバーグ、ソニア・ソトマイヨール、エレナ・ケイガン、スティーブン・ブライヤーの各裁判官はどう判断するのか。保守派とされるジョン・ロバーツ主席裁判官、アントニン・スカリア、クラレンス・トーマス、サミュエル・アリトーの各裁判官はどうか。30年以上にわたるアメリカ文化戦争の一大争点となってきた同性婚だけに、リベラル派と保守派の裁判官の判断が分かれることは予想できる。リベラル派と保守派が拮抗する連邦最高裁では、中道とされるアンソニー・ケネディ裁判官がスウィングボート（浮動票）を握ると言われてきた。ケネディ裁判官は13年のウィンザー判決で法廷意見を書いており、今回の判決でも書く可能性がある。全米に影響がおよぶ同性婚のゆくえが最高裁の判断で決まる。テレビや新聞では多くの報道がなされ、法学者やジャーナリストらの推測が飛びかった。

口頭弁論が開かれた4月28日、報道陣や傍聴を求めて列をなす数百人の人々に加え、同性婚に反対する保守派の人々がワシントンDCの連邦最高裁前に詰めかけていた。オバーゲフェルが最高裁に到着すると、保守派は聖書を振り回し、「神はホモ（fag）を嫌っている」と叫んだ。報道陣の質問に答えるオバーゲフェルには、「同性愛者は神の国に入れない」「地獄で焼かれろ！」といった侮辱的な言葉が投げつけられた[32]。

口頭弁論が行われたのち連邦最高裁は事件について合議し、判決を出す。10月から翌年6月末までの開廷期間中、連邦最高裁はいつでも判決を出せるが、これまではしばしば6月末に重要な判決

図5-5　2015年6月26日、オバーゲフェル対ホジス判決の日、連邦最高裁前で様々な旗がはためいた

が出されてきた。

6月26日、連邦最高裁前の広場には報道陣と多くの群衆が詰めかけた。連邦最高裁の動向を取りあげるスコータスブログにはその前日、100万を超えるアクセスがあった。[33] 集まった人々はゲイ・ライツ運動のシンボルであるレインボーカラーの旗や各権利団体の旗をはためかせ、「正義を今こそ！」「すべての愛は平等」といった思い思いのプラカードを掲げた。

その日、連邦最高裁は5対4で全米レベルでの同性婚を認める判断を下した。[34] 法廷意見を書いたのは予想通りケネディ裁判官であり、ギンズバーグ、ソトマイヨール、ブライヤーの各裁判官がこれに同調した。反対は保守派とされるロバーツ、スカリア、トーマス、アリトーの各裁判官であった。連邦最高裁は争点を2点に絞った。

1　法の平等保護を定めた連邦憲法修正第14条は、州が同性の2人の結婚を認めるよう求めているか。

2　連邦憲法修正第14条は州が、他州で行われた同性婚を認めるよう求めているか。

これらの争点に対し連邦最高裁はどのように判断したのか、箇条書きにしてみよう。

1　（争点1　州は同性婚を認めるべきか、について）

連邦憲法修正第14条デュー・プロセス条項は、何人も法の適正手続なしに、生命、自由、または、財産が奪われないと定める。この条項で保護される基本的自由は、親密な選択を含む、個人の尊厳と自律に重要な一定の個人的選択に拡大される。連邦最高裁は長らく、婚姻する権利はデュー・プロセス条項により保護される基本的権利であると判断してきた。となれば、同性カップルも婚姻する権利を行使しうるという結論になる。

2　憲法の下で婚姻が根本的なものであることを示す4つの原則および伝統がある。

①　婚姻に関して個人が選択する権利は個人の自律概念に固有のものである。

婚姻の性質は、その永続的な結びつきを通して2人の人間がともに表現や親密性、霊性といった他の自由を見出すことにある。このことは性的指向を問わずすべての人に当てはまる。

② 婚姻する権利は根本的である。というのも、関わりあう個人にとって、その重要性において他とは異なる2人の結びつきを婚姻する権利が支えるためである。同性カップルは異性カップルと同じく、親密な結合を享受する権利を持つ。

③ 婚姻する権利は子どもと家族を保護する。婚姻は子どもの最善の利益に重要な永続性と安定性を与える。現在、数十万人の子どもが同性カップルにより育てられており、本件の〔同性婚を認めない州の〕法は同性カップルの子どもを傷つけ、屈辱を与えている。

④ 婚姻は国の社会秩序の要である。この原則に関し、同性カップルと異性カップルに違いはない。しかし同性カップルを婚姻制度から排除することは、同性愛者は重要な点で平等ではないと教える効果を持つ。婚姻を異性カップルに限定することは長らく自然で公正と見なされてきたが、婚姻という基本的権利の中心的意味との齟齬はいまや明白である。

3 同性カップルの婚姻する権利は、連邦憲法修正第14条平等保護条項からも導かれる。同性婚を認めない州の婚姻法は本質的に不平等である。同性カップルは、異性カップルには与えられる利益すべてを否定され、基本的権利の行使を禁じられている。この不行使を同性愛者に課すことは、彼ら彼女らを軽視し、下位におくことになる。

4　婚姻する権利は個人の自由に固有の基本的権利であり、連邦憲法修正第14条デュー・プロセス条項および平等保護条項の下で同性カップルはそうした権利および自由を奪われない。同性カップルは婚姻する権利という基本権を行使しうる。同性婚を否定した1972年のベイカー対ネルソン判決[35]はいまやくつがえされる。

5　（争点2　州は他州で行われた同性婚を認めるべきか、について）

同性カップルは全州で婚姻という基本的権利を行使できる。したがって、ある州が他州で合法的に行われた同性婚を拒否する法的根拠は存在しない。

連邦最高裁は、連邦憲法修正第14条デュー・プロセス条項が保護する自由には個人が誰を婚姻相手に選ぶのかという親密な選択も含むとし、同性カップルが婚姻の相手として同性を選ぶという選択肢（自由）を奪われないとした。また、婚姻が憲法上根本的なものとされてきた理由として、①婚姻についての選択が個人の自律に重要であること、②親密な結合を支えるものであること、③子どもと家族を守るものであること、④社会秩序の要であること、という4つの原則および伝統をあげる。婚姻する権利は個人の自由に含まれる基本的権利であり、修正第14条デュー・プロセス条項と平等保護条項の下、同性カップルはそうした権利および自由を奪われないとした。そしてこれまでの判例で確立された婚姻する権利という基本的権利が、同性カップルにも認められると判断した[36]。

図5-6　原告のジム・オバーゲフェル（左）

2013年のウィンザー判決は婚姻防衛法を違憲としたが、連邦政府は州が認めた同性婚を認めるべきとの内容で、同性婚を認めていない州の扱いについては問われていない。しかしこのオバーゲフェル対ホジス判決で、同性カップルは全州で婚姻する権利があると認められたのである。同判決を後押ししたものは、同性婚を認める州が全米の7割に達していたこと、また世論の6割が同性婚を支持していたという社会の変化にあるといえるだろう。判決の出た日、オバマ大統領は会見で次のように述べた。

今朝、連邦最高裁は憲法が婚姻の平等を保障することを認めました。そうすることで、最高裁はすべてのアメリカ人が法の平等保護を受ける資格があること、すべての人は誰であるか、あるいは誰を愛するかにかかわらず、平等に扱われるべきことを再確認しました。……この判決はすべての愛し合う同性カップルにアメリカ全土にわたって婚姻の尊厳を付与することで、私たちのコミュニティ全体を強めるでしょう。[37]

その夜、多くの群衆が連邦最高裁判決に沸き立つ中、ホワイトハウスはレインボーカラーにライトアップされた。

## なぜ同性婚は実現したのか——基本的権利をめぐるジレンマ

2020年現在、アメリカで同性婚はおおよそ定着しているように思える。ギャロップ調査によれば同性婚に賛成する人は7割近くおり、[38]共和党で保守的な政策を打ち出しているトランプ大統領も同性婚には反対していない。これまでみてきたように、1950年代に同性愛者が犯罪者として扱われていたアメリカの文化戦争の歴史を思い起こせば、同性婚の実現は社会の認識を大きく変えた出来事であるといってよいだろう。一方、同性婚が実現した要因は、求める内容が実のところ保守的な、主流社会の価値観に沿ったものであったからということができる。画期的にみえるオバーゲフェル対ホジス判決は、実は保守的である。これまでの判例で認められてきた「婚姻する権利」を、同性カップルも享受できるものとして位置づけた判断だからである。判決当時話題になったケネディ裁判官執筆の法廷意見の最終部分をみてみよう。

婚姻ほど深遠な結びつきはない。というのも、婚姻は愛、忠誠、愛着、献身、自己犠牲、そして家族という至高の理想を具体化するものだからである。婚姻という結びつきを形成するとき、2人の人間はこれまで以上に素晴らしい何かになる。本件の原告数人が示したように、婚姻は死後も続く愛を具体化する。……原告らの望みは寂しさのうちに生きて批判されることがないこと、文明のもっとも古い制度の一つから排除されないことである。原告らは法の観点からの平等な尊厳を求めている。憲法は彼らにその権利を認める。[39]

法廷意見は伝統的な婚姻の価値を賞賛し、それを同性カップルも憲法上の権利として行使できるのだという形をとった。憲法学者の駒村圭吾が述べるように、「婚姻の重要性をセレブレイトする本判決は……同性婚を承認したという点では革新的であるが、伝統的な婚姻の価値を踏襲したという点では保守的なものであった」[40]。では、非婚カップルや独身者は「寂しさのうちに生き」る、平等な尊厳を得られない者なのだろうか。この部分は平等に依拠したはずの多数意見が、法律婚の状況にない人々をおとしめるメッセージとなってしまっており、批判があるところである。
また同性婚が認められたからといって万々歳というわけではない。第2章で言及した福音派など、宗教的信念あるいは保守的な価値観から同性婚に反対する人は、連邦最高裁が同性婚を認めたからといって考えが変わるわけではない。実際、連邦最高裁判決後の2015年8月、ケンタッキー州で官吏のキム・デイビスが「神の権威の下」、同性カップルへの婚姻許可証発行を拒否した。ただちに同性カップルらの代理としてアメリカ自由人権協会が提訴し、婚姻許可証発行を命じる裁判所命令が出された。しかし官吏は裁判所命令に従わず、侮辱罪で刑務所に6日間留置されるという事件が起きている。[41]
さらに、同性婚の実現により、宗教的信念にもとづいて同性カップルへの祝福を拒否できるかという問題が浮上した。たとえば婚姻当事者は司祭の立ちあいのもと婚姻の誓いを交わすわけだが（「病めるときも、健やかなるときも」のフレーズでおなじみの光景である）、この立ちあいを宗教的信念にもとづいて拒否できるかという問題である。この問題は司祭に限らない。同性婚の挙式に関わる人――写真撮影からウェディングケーキ作り、祝福の花束、ケータリングまで――すべてに関わってくる。2014年、アリゾナ州議会は事業主が宗教的理由にもとづき同性愛者へのサービスを拒否する権利を認める法案を通過させたが、州知事の拒否権行使により廃案となっている。[42] 宗教右派との攻防はまだ終わっていない。

連邦憲法修正第1条は「連邦議会は……宗教の自由な活動を禁止〔する〕……法律を制定してはならない」[43]として、国民の信教の自由を認める。ある人が宗教上の信念にもとづいて同性婚に関わる行為を拒否する場合、それは性的指向にもとづく差別になるのだろうか。ここでは憲法上の信教の自由と平等保護とが対立することになる。この問題が問われたのが、2018年のマスターピース・ケーキショップ対コロラド州人権委員会判決[44]である。2012年、まだ同性婚が認められていなかったコロラド州で、同性カップルがマスターピースというケーキ店にウェディングケーキ作りを依頼した。オーナーのジャック・フィリップスは敬虔なキリスト教徒であり、「歴史の初めから、婚姻についての神の意図は1人の男性と1人の女性の結びつきである」との信念を持っていたため、同性婚反対の立場からウェディングケーキ作りを拒否した。同性カップルからの申し立てを受け、州人権委員会はフィリップスの行為は性的指向にもとづく差別にあたりコロラド州反差別法に違反すると判断して、ケーキ店に改善命令を出した。フィリップスは、委員会命令は信教の自由を侵害するとして州控訴裁判所に訴えた。州控訴裁判所が彼の主張を退けたため、フィリップスは裁量上訴を申し立てた。

連邦最高裁は次のように判断した。憲法および法律は同性愛者の基本的権利の行使を保護する必要があるが、同時に、宗教や哲学にもとづく同性婚への反対もまた守られるべき見解である。連邦憲法修正第1条は、国や州は宗教に対し中立的であるべきとする義務を課している。フィリップスのウェディングケーキ作りの拒否は宗教的信念にもとづく真摯なものであるが、委員会は、彼の拒否を差別正当化のための卑劣なレトリックの一例であるとし、奴隷制やホロコーストになぞらえさえした。これらを理由として連邦最高裁は、委員会はフィリップスの宗教的信念に対し敵対的であって、宗教に対して中立的であるべきとする修正第1条の義務に反しており、委員会命令は無効とすべきと判断した。[45]

信教の自由にもとづく同性婚の拒否（同性婚への関与を免除されること）と同性カップルの婚姻する権利が両立しうるかは実に悩ましい難問である。婚姻とは国が定めた法制度であるというのが一般的な見方だろう。しかし、宗教的信念を堅く持つ人にしてみれば、婚姻とはまず何よりも宗教的な制度であり、同性愛は罪（sin）であるから同性婚は認められない。また宗教的信念は個人のアイデンティティに深くかかわり、自分の意思で簡単に変えられるものではない。にもかかわらず宗教的信念から同性婚を拒否する場合、性的指向にもとづく差別とみなされる場合がある。一方で性的指向もまた、同性愛者当事者にとってはアイデンティティの核をなし、個人の意思で変えることが難しい尊厳にかかわる事柄である。ここでは譲ることのできない「アイデンティティとアイデンティティ、換言すれば尊厳と尊厳との対立」[46]が生じることになる。この点については、同性カップル側には選択肢がある（マスターピース・ケーキショップの事例でいえば、同性カップルは同性婚に肯定的な別のケーキ店に頼めばよい）のに対し、同性婚を拒否した側は自治体の免税措置を失ったり、解雇されるなどの不利益が大きい。第4章で言及した憲法学者のコッペルマンは、同性カップルと宗教的信念を持つ者が負うコストが異なることから、宗教的信念にもとづく同性婚への関与免除を支持する。[47] また、憲法学者のダグラス・ネジャイメとリーヴァ・シーゲルは、宗教的信念にもとづく免除が性的マイノリティの平等を害する場合は免除を否定する十分な理由となりうるとし、宗教的信念にもとづく免除は、①財やサービスへのアクセス確保、②(LGBTなど)免除の影響を受ける人々へのスティグマ化防止がなされるように、構成されるべきであるとする。[48]

## 性的マイノリティのこれから

同性婚(婚姻の平等)はあくまでもLGBTと呼ばれる性的マイノリティの抱える諸問題の一部にすぎない。性的指向にもとづく雇用差別や住居差別、公共施設利用への差別に対する保護を規定する連邦法は存在しない。したがって、「土曜日に合法的に婚姻(同性婚)をし、それを理由として月曜日に合法的に解雇される」[49] ことが現状としてありうる。同性婚の実現後、性的マイノリティの権利運動は連邦レベルでの包括的な差別禁止法の制定と、トランスジェンダーに対する差別克服が主たる課題となっている。

2019年5月17日、連邦議会下院は平等法(The Equality Act)と呼ばれる法案を通過させた。[50] これは、性別、性的指向、性自認にもとづく差別を、教育、雇用、公共施設利用など幅広い範囲で禁止しようとするものである。宗教的信念にもとづき差別禁止に異を唱えることも認めていない。この法案が連邦議会下院を通過した背景には、16年の中間選挙で下院の多数派を民主党が占めたことが大きいだろう。しかし上院は宗教右派とつながりの強い共和党が多数派を占め、トランプ大統領もこの平等法案に反対の立場である。

性的マイノリティに対する雇用差別に関しては、20年6月15日、連邦最高裁は保守派の裁判官を含む6対3で、重要な判決を出した。同性愛者あるいはトランスジェンダーであることを理由とする解雇は、使用者が決定に際し性別（sex）に依拠する意図をもって差別をしたものであり、公民権法第7編の性差別禁止に違反し違法であると判断したのである。[51] この判決の論理は第4章で検討したコッペルマンの性差別収斂論と同様である。性的指向および性自認にもとづく差別が性差別に該当するとの枠組みを示した点で、同判決は重要だろう。この判決は全米で働く約800万人（特に雇用への法的保護のない州に住む約400万人）の性的マイノリティに影響する。トランプ大統領は同判決を受け入れると表明している。

## 同性婚がもたらした効果

同性婚の実現がもたらしたものは、同性カップルに対する法的保護および権利利益だけではない。同性婚の実現による幅広い効果として、同性愛者の幸福度と自己肯定感の向上が指摘される。同性愛者を含む性的マイノリティは、思春期になって性別違和（自身の性自認と身体的性別の齟齬からくる違和感や苦痛）が大きくなったり、自身の性的指向に気がついた際に孤立してしまう場合が少なくない。性的マイノリティの子どもの自死、自死未遂はそうでない子どもに比べて4倍にのぼるともいわれる。[52] 2017年のジョンズ・ホプキンズ大学の研究によれば、同性婚の法制度化前後で自死未遂率を比較したところ、マサチューセッツ州のように同性婚を認めた州では、高校生の自死未遂率が7%低下していた。思春期の同性愛者に絞れば自死未遂率は14%減少していた。同性婚を認めていない州では変化はみられなかった。研究によれば、同性婚の承認により平等な権利を持ちうるという可能性が、高校生にとって性的指向に伴うスティグマを緩和し、将来への希望を持たせたのではないかと考えられるという。[53]

同性婚の実現は（婚姻するしないにかかわらず）同性愛者のメンタルヘルスや健康にもプラスの影響があるといわれている。国による同性婚の承認は法的な権利の実現にとどまらず、同性愛者が社会に存在すること、また尊厳を持った1人の個人であることを、国が認めたということを意味する。ドメスティック・パートナーシップやシビル・ユニオンは婚姻と同等、あるいは婚姻に準ずる権利が得られるといっても、同性カップルは二級市民として扱われるにすぎない。同性婚を目指す運動で求められていたのは、実質的な法的権利や利益に加え、（伝統的な）婚姻が持つ象徴的な価値だったといえるだろう。

# 終章　日本で同性婚は実現するか？

## 同性パートナーシップ制度の広がり

前章まで、アメリカで同性婚（婚姻の平等）が実現されるまでにどのような経緯を経たのかをみてきた。国際的な動きとしては、アメリカが同性婚を認めた2015年にはアイルランド、16年にはコロンビア、17年にはマルタ、ドイツ、オーストラリアで同性婚が認められた。2020年現在、世界28ヵ国で同性婚が認められている。台湾では2017年5月、憲法裁判所にあたる司法院大法官会議が、同性カップルが婚姻できないことは、「人民の婚姻自由および……人民の平等権の趣旨に反している」[01]と判断した（強調は省略）。この判決を受けて特別立法がなされ、アジア地域で初めて2019年5月から同性婚が認められている。

ひるがえって日本では、同性カップルの権利保障をめぐりどのような展開がみられるのだろうか。近年の動きで重要なのは、同性パートナーシップを認める自治体が徐々に増加していることだろう。

2015年4月1日、東京都渋谷区で「男女平等及び多様性を尊重する社会を推進する条例」が施行された。この条例は、全国の自治体で初めて渋谷区が同性パートナーシップ制度を導入したものである。区内在住の20歳以上の同性カップルが公正証書を作成した場合、区はその同性カップルに対し「同性パートナーシップ証明書」を発行することができる（第10条[02]）。この条例の重要な点は、行政が同性愛を含む性的少数者がおかれている状況に言及し、その是正が必要であるとの姿勢を打ち出したことだろう。弁護士の南和行は次のように述べる。

この条例は、行政という公権力が、同性愛者を含むLGBTすなわち性的少数者が社会で生活しているという事実と、当事者が偏見や差別に曝されているという実情を認め、偏見や差別を打破するのは当事者の努力や行動ではなく、むしろ当事者を取り巻く人々や社会の意識が変わることによるべきと宣言するものである。……LGBTの抱える困難や課題が、社会において解決解消すべき人権問題であるということを浮き彫りにした渋谷区の条例の意義は極めて大きい[03]。

条例はその自治体内部で効力を持つ規範であり、法的効力はない。しかし南の指摘するように、性的少数者の存在を明記し、彼ら彼女らをとりまく社会の側に視点の転換を促すよう方向づけた条例の意義は重要であろう。
同じく15年の11月、世田谷区も同性パートナーシップ制度を施行した。これは条例ではなく、区が作成する要綱（行政計画）にもとづく制度である。区内在住（転入予定含む）の20歳以上の同性カップルが互いを人生のパートナーとする宣誓を行い、区側が「同性パートナーシップ宣誓書　受領証」を発行するというものになっている。要綱による同性パートナーシップ制度は議会の議決を必要とする条例よりも導入のハードルが低いため、その後三重県伊賀市、兵庫県宝塚市、沖縄県那覇市、北海道札幌市などで取り入れられている。特定非営利活動法人「虹色ダイバーシティ」の調査によれば、２０２０年６月の段階では、全国51自治体で同性パートナーシップ制度が認められ、１０５２組が行政に認知されている。[04]
しかし、自治体レベルで同性カップルに男女の婚姻と同等の関係性を認めるのであれば、なぜ法的に婚姻ができないのかという疑問が出てくるだろう。Ｇ７（先進国首脳会議）で、同性婚あるいは同性パートナーシップ制度を国として認めていないのは日本だけである。日本でも同性婚を推進する運動や同性カップルの可視化が進む中で、当事者が被る不利益も明らかになってきている。

## 同性カップルが被る様々な不利益

婚姻というと、愛する人と結婚できるというような、華やかな場面を想像するだろう。しかし、婚姻は病めるときも健やかなるときも続く、個人と個人の共同生活である。同性カップルは異性婚夫婦と同様に継続的な共同生活を送っているにもかかわらず、法的に婚姻が認められないことでどのような不利益を被っているのだろうか。民法学者の大島梨沙によれば、異性の法律婚カップルは享受しているが、同性カップルには認められない主な権利利益として次のものがあげられる。

・同居・協力・扶助の義務
・所得税、住民税の配偶者控除
・国民年金の第三号被保険者
・配偶者ビザの取得（パートナーが外国人の場合）
・子の共同親権
・特別養子縁組
・相続権（ただし遺言により遺贈は可能）
・相続税の控除、税制における優遇
・加害者への損害賠償請求
・遺族年金受給権（加入者によって生計を維持されていた場合）
・祭祀主宰者（生前に意思を示すことにより可能）

・関係解消時の慰謝料請求権、財産分与請求権[05]

事実的事項として同性カップルに認められないものとしては、企業の配偶者手当や各種福祉・健康保険への配偶者の加入、死亡保険の受取人資格、金融機関のローン、携帯電話の家族割などがある。これらを同性パートナーに認めるかどうかは企業の判断にゆだねられており、近年では同性パートナーも福利厚生の対象とする企業も出てきている。[06]また生殖補助医療は法律婚カップルおよび事実婚カップルには認められるが、同性カップルには認められていない。

実生活で大きな影響があると思われるのは、緊急時の場合である。パートナーの一方が意識不明の重体になったり、急に亡くなったりした場合、同性パートナーは法律上の配偶者とはみなされない。それゆえ、パートナーの生死にかかわる重大な判断を下せなかったり、入院時に面会できなかったり、死に目にも会えないといった不利益が生じうる。同性カップルがお互いを家族に紹介していなかったために、遺された同性パートナーが、亡くなったパートナーの葬儀に参列できなかったという例もある。亡くなった同性パートナー名義の住居に同居していた場合、遺された側が遺族によって住居から追い出されることもある。一方、２０１８年の民法改正では法律婚夫婦の一方が亡くなった場合、遺された配偶者が住居に住み続けられるとする「配偶者居住権」が新設され、法律婚配偶者の保護が強化された（民法１０２８条）。配偶者居住権は、事実婚および同性カップルには認められない。個々のケースで同性カップルに対する理解があったとしても、そのことをもって同性パートナーの法的権利が保障されるわけではない。同性カップルの法的な関係性は不安定なままである。

権利とは、ある主張が（事実上の力の強弱にかかわりなく）社会的に是認されること、あるいは相手や社会がそのようなものとして認識する場合の、当事者の地位のことをいう。[07] 個人が「自分は、同性である彼／彼女の配偶者である」と第三者に対し主張することができ、それが第三者および社会に是認される地位にあること、それが配偶者としての権利を持つということである。同性のパートナーと親密な関係にある個人から奪われているのは具体的な権利利益ばかりではない。そうした法的是認にもとづく安定した地位なのである。

## 憲法からみた同性婚

前節でみた諸々の不利益を解消するための法制度が同性婚である。同性婚は、国が同性カップルの婚姻を公的な法制度として認めるか否かという問題であり、したがって国家と個人の関係を規律する憲法の問題になる。同性婚の承認をめぐり関わってくるのは、個人の尊重を定める憲法13条、法の下の平等を定める憲法14条、また家族関係について規定する憲法24条である。それぞれの条文についてみてみよう。

憲法第13条

すべて国民は、個人として尊重される。生命、自由及び幸福追求に対する国民の権利については、公共の福祉に反しない限り、立法その他の国政の上で、最大の尊重を必要とする。

憲法13条は憲法の中でももっとも重要な条文ともいわれる、かけがえのない個人を大切にするという、憲法の核心を規定した条文である。第二文「生命、自由及び幸福追求に対する国民の権利」という部分がいわゆる幸福追求権[08]であり、プライヴァシー権などの「新しい人権[09]」の根拠となる部分である。個人がどのような家族を形成するかという問題も、広義のプライヴァシー権に含まれる自己決定権・人格的自律にかかわるものと考えられている。個人が同性の誰かと親密で継続的な、人格的に深くかかわる関係を続けていこうと決めたとき、その決定はおそらく異性カップルの意思決定とほぼ変わりがないだろう。しかしこれを国が婚姻（法律婚）として認めない、となれば憲法13条の幸福追求権および自己決定権を侵害しているのではないかと考えられる。

行政書士としてLGBT支援に取り組む清水雄大は、2008年の論文で「憲法13条の幸福追求権から導出される自己決定権は、人が誰かをパートナーとして選択し（あるいはシングルなどの選択をし）、法律婚をするか否かを決定して生活を営むという権利を保障している」のであるから、「同性婚の禁止は、セクシュアリティやライフスタイルに関する自己決定権を侵害するものである」[10]と述べる。

憲法学専攻の中岡淳は、憲法24条および13条の幸福追求権が保障する「婚姻の自由」には、①ある個人が、法律上の婚姻をするにあたり国家や第三者から法的強制を受けないという免除権、②婚姻に関する法律関係を発生、変更または消滅させる権能が含まれるとする。権能とは、ある個人が自身もしくは他人の法的地位を変化させる能力のことである。この憲法上保障される権能が実現されるために、国家は婚姻制度を創設する義務を負う。また、後述する明治民法の家制度下でみられた女性差別のように、親密な関係にある当事者間に生じうる不平等を防ぐために、憲法24条では（夫婦の）「同等の権利」や「個人の尊厳と両性の本質的平等」が規定されている。すなわち憲法は「婚姻の自由」により、個人が親密な関係を誰と結ぶかについて個人の選択にゆだね、一方で親密な関係にある相手方との対等性を確保する法制度（婚姻法）の創設を国家に要請しているといえる。「婚姻の自由」が憲法上保障される根拠が、個人の親密な結合の自由と配偶者間の対等性の調和にあるとすれば、ここから同性関係が排除される必然的な理由はない[11]。

憲法の下で同性婚を認める場合、①憲法24条の婚姻概念を拡張して同性カップルを包摂する、②24条の婚姻概念を異性婚に限定し、憲法13条の幸福追求権に依拠して同性間の婚姻を保障する、という二つの方向性が考えられる。中岡は、①の場合、従来の異性間に限定した婚姻概念を同性カップルに拡張する合理的理由が必要となるのに対し、②の場合、憲法13条は個々の憲法条文の適用範囲から外れる基本的権利を補充的に保障することを意図した条文であるから、同性間の婚姻の自由が幸福追求権の保護範囲に含まれるかどうかを論証すればよいとして、憲法13条の幸福追求権に依拠することを主張する。[12]

次に平等権について規定する憲法14条1項について検討してみたい。

憲法第14条第1項

すべて国民は、法の下に平等であつて、人種、信条、性別、社会的身分又は門地により、政治的、経済的又は社会的関係において、差別されない。

憲法14条は法の下で差別を受けないという国民の平等権を保障する。国家・公権力（具体的には公務員）は、法適用や法内容で合理的理由なく国民を差別してはならない。条文の列挙事由「人種、信条、性別、社会的身分又は門地」は、とりわけ不合理な差別になるものと考えられ、列挙事由以外の事柄であっても不合理な差別は禁じられている。同性婚が認められないことは、本書が第5章までアメリカの文脈でみてきたように、性差別あるいは性的指向にもとづく差別に該当する可能性がある。しかし、同性とは結婚できないという条件では男女とも同じ取り扱いをしているため、性差別との主張は難しいかもしれない。[13]

では、同性婚が認められないことは同性愛という性的指向にもとづく差別に該当するのだろうか。性的指向は本人の意思で変えることがほぼ不可能な継続的属性であり、社会的にもセクシュアリティの一カテゴリと位置づけられている。ここから、同性愛という性的指向を憲法14条1項のいう「社会的身分」とみることが可能である。[14]

憲法14条1項が保障する平等権の下では、不合理な区別は禁じられる。ある法律の区別が14条1項の列挙事由「人種、信条、性別、社会的身分又は門地」に該当する場合は、立法目的がやむにやまれぬ必要不可欠なもので、目的達成の手段が必要最小限度のものであることが要求される「厳格な審査基準」が適用されるべきと考えられている。[15] 同性愛という性的指向が14条1項の「社会的身分」に該当する場合、厳格な審査基準が用いられ、違憲判決が出される可能性が高くなるだろう。

たとえば、婚外子（非嫡出子ともいう）の法定相続分はかつて嫡出子の半分だった（民法900条4号但し書）。婚外子と嫡出子という社会的身分による相続分の差は、「法律婚の尊重と非嫡出子の保護の調整を図ったもの」という立法目的の下、合理性があるとして合憲とされてきた。[16] しかし2013年、最高裁は「父母が婚姻関係になかったという、子にとっては自ら選択ないし修正する余地のない事柄を理由としてその子に不利益を及ぼすことは許され」ないとして、相続分差別は憲法14条1項に違反すると判断した。[17] この最高裁判決を受けて同年民法改正がなされ、民法900条4号但し書きは削除され、婚外子の相続分は嫡出子と同等になった。

国が異性婚を維持する立法目的は何だろうか。そして、その目的を達成する手段として、同性愛者を婚姻制度と婚姻に伴う権利利益から排除することは妥当なのだろうか。アメリカの文脈では異性婚維持の理由として、生殖や家族という基本的単位の保護といった主張がなされた。もし日本の婚姻制度の立法目的がアメリカ同様に生殖目的や子どもの保護であるとすれば、子どもをつくらない男女の法律婚や、臨終婚が認められていることの合理的理由は見出せない。さらに2003年制定の性同一性障害特例法では戸籍上性別変更をした人が、変更前の性別と同性の人と婚姻することが可能であり（たとえば男性から女性に戸籍上性別変更した人は、男性と法律婚をすることができる）、現在の法律婚が要求する性差は法律上のフィクションにすぎない。[18] 性的指向という区分によって合理的理由なく同性愛者を婚姻制度から締め出しているとすれば、そうした法律は憲法14条1項の法の下の平等に違反するといえるのではないだろうか。

憲法学者の木村草太は、婚姻の法的効果として、①共同生活契約、②共同生活契約の公証、③共同親子関係形成資格の付与をあげる。日本にはソドミー法がないため、①同性カップルの共同生活契約は違法ではない。現行法上同性カップルに認められていないのは、②公証と③共同親子関係形成資格である。これらが認められないことは憲法上の権利侵害になるのだろうか。

木村は、憲法14条1項の平等権に依拠して、異性カップルと同性カップルという区別の合理性を問うことを主張する。現行法では異性カップルには法律婚という契約公証の制度があるが、同性カップルには認められない。この区別の目的は何か。木村は、「異性カップルの方が正しいカップルだという観念を表示するため」にすぎないのではないかと指摘する。そして、「同性カップルと異性カップルとの間で、公証制度の有無を区別することは、そもそも、正当な目的を構成することができず、憲法一四条一項に反する不合理な区別である」とみる。同性間の親子関係形成資格の付与も、嫡出推定や特別養子縁組の目的が子の福祉、すなわち子を保護する責務を負う者と子との安定的な関係を維持するためであることから、「同性カップルに嫡出推定と特別養子縁組を認めないのは、不合理な区別であり、平等権を侵害している[19]」と解する。

## 憲法24条が保障する「婚姻の自由」

同性婚ともっとも関わりが深いと思われるのは、婚姻および家族関係について規定する憲法24条である。

憲法第24条
第1項　婚姻は、両性の合意のみに基いて成立し、夫婦が同等の権利を有することを基本として、相互の協力により、維持されなければならない。

第2項　配偶者の選択、財産権、相続、住居の選定、離婚並びに婚姻及び家族に関するその他の事項に関しては、法律は、個人の尊厳と両性の本質的平等に立脚して、制定されなければならない。

憲法24条1項は、「婚姻は両性の合意のみに基いて成立」すると規定する。この条文の趣旨を理解するには歴史的経緯を振り返る必要がある。1945年、第二次世界大戦で敗戦するまで日本には家制度があった。家制度は家長（戸主）が家族メンバーを統率する仕組みであり、既婚女性の財産は夫に管理され、子を産まない女性は離婚対象となるなど、女性差別的な内容を含んでいた。家制度の下では婚姻には戸主の同意が必要であり（明治民法750条）、30歳未満の男性、25歳未満の女性が婚姻する場合は加えて父母の同意が必要とされた（明治民法772条）。家制度は戦後に廃止され、個人が意に反する婚姻を強制されたり、戸主や父母の反対で婚姻できない、ということが法律上なくなった。最高裁は憲法24条1項につき、「婚姻をするかどうか、いつ誰と婚姻をするかについては、当事者間の自由かつ平等な意思決定に委ねられるべきであるという趣旨を明らかにしたもの」[20]と解している。ここで保障される婚姻の自由には、婚姻しない自由や離婚の自由も含まれる。また最高裁は、憲法24条2項につき、「具体的な制度の構築を第一次的には国会の合理的な立法裁量に委ねるとともに、その立法に当たっては……個人の尊厳と両性の本質的平等に立脚すべきであるとする要請、指針を示すことによって、その裁量の限界を画したもの[21]」と位置づける。[22]すなわち立法者が婚姻や家族に関する法律を作る場合、「個人の尊厳と両性の本質的平等」に立脚すべきとの指針を示したのが憲法24条2項である。

同性婚に関して問題となるのは、24条1項「婚姻は、両性の合意のみに基いて成立し」の部分である。従来通説（一般に通用している学説）では、ここでいう「両性」とはboth sexes、すなわち男女を意味するとして、憲法24条は異性カップルを対象とした規定であり、同性婚は異性婚ほどには憲法で保護されるものではないと考えられてきた。[23]一方、諸外国での同性婚の実現を受け、現行憲法の下でも同性婚は実現可能であるとする説も出てきている。

ポイントは、憲法24条は婚姻を男女間に限定しているわけでも、同性婚を排除しているわけでもないということである。第3章で検討したアメリカの婚姻防衛法第3節は、「婚姻という言葉は夫妻としての男女間の法的結びつきのみを意味し」（強調引用者）と、明示的に同性婚は排除される文言となっていた。これに対し、憲法24条は家制度からの個人の解放と婚姻当事者である両性の本質的平等を趣旨としており、同性婚は明文で禁止されているわけではない（1946年の憲法制定当時、同性婚は想定外であったというのが実際のところだと思われるが）。

## 原理としての憲法24条

憲法の学説では先にみたように同性婚を承認する根拠として憲法13条に依拠するものと憲法14条に依拠するものがあった。では、憲法24条に依拠する学説にはどのようなものがあるのだろうか。

憲法学者の齊藤笑美子は、憲法24条の意義を「家制度の解体にとどまらず、性別役割を内包した近代家族をも超越しようとしたところにある」とし、次のように述べる。

24条が近代家族をも超えて配偶者間のジェンダー平等を徹底する趣旨ならば、配偶者間の性別構成は如何様でも構わないはずである。24条が、両性の平等と個人の尊厳に立脚する家族法の制定を立法者に義務づけるとして、同性カップルに法律婚を開放することがその立法者の義務に抵触するとは全く思われないのである。[24]

また、憲法24条を原理とみる興味深い見解を提示するのが、憲法学者の巻美矢紀である。法哲学・政治哲学者のロナルド・ドゥオーキンによれば、法にはルールと原理が含まれる。原理とは、「正義や公正その他の道徳的要因がこれを要請するが故に遵守さるべき規準を意味する」[25]。すなわち原理とは、ルールの解釈を方向づけたり、ルールとルールが衝突する場合に、正義や公正に照らして解決を図る道徳的規準である。ルールは要件効果が明確で、白か黒か、あるいは全か無かという二者択一的な形で適用される（たとえば野球で「バッターは三振すればアウト」など）。一方、原理は「いかなる者も自ら犯した不法から利益を得てはならない」というような、より抽象度が高い、方向性を提示する規準である。[26]

この原理の考えにのっとり巻は、憲法の、とりわけ抽象的な文言で規定される人権規定を原理の体系であると位置づける。憲法24条が原理であるとすれば、その趣旨は家制度の解体と婚姻についての戸主の同意権を排除することであり、同性婚の禁止は含まれていない。[27] 巻は憲法24条について、「家制度の復活を禁止するとともに、改めて、憲法の基底的な原理である個人の尊厳と平等を定めたものと解し、これらに対する侵害について、憲法上の婚姻の自由に対する侵害と構成すべき」（強調原文）と主張する。そして、「親密な結合の相手の選択という自律的な選択を、国家が異性に限定し、同性婚を否定することは、婚姻の自由に対する侵害となる」[28] とみる。個人の尊重を定める憲法13条と、個人の尊厳と両性の本質的平等を定めた24条が原理であるとすれば、これらの条文が保障する自己決定権および婚姻の自由から、同性婚の承認を導くことは決して不可能なことではないと思われる。

ここまで、同性婚をめぐる学説を概観してきた。これらの学説にみられるように、憲法学説では憲法を改正せずとも同性婚を認めることができる、という見解が主流である。[29]

## 家族主義の日本こそ同性婚を認めるべきか——福祉国家レジームからの考察

同性婚を認めるべき根拠は憲法の視点以外からも導くことが可能である。それは、日本が家族による福祉やケアを重視する家族主義の福祉国家であるという側面からである。

福祉国家とは、1930年代から60年代にかけて成立した、国民の福祉や生存に国家が配慮する国家形態のことである。日本を含む現在の先進諸国は、程度の差はあるもののいずれも福祉国家となっている。憲法が規定する社会権の内容、歴史的背景、労働勢力の大きさ、教会や家族などの世俗的関係がケアを担うか否かといった諸要素により、国ごとに福祉国家のありかたは異なる。たとえば北欧諸国が豊かな福祉政策をとるのは、固有の歴史や文化があり、背景には充実した福祉政策を支持する国民の価値観がある。福祉政策や社会政策のありかたが似通った国ごとをまとめてグループに分け、類型化したものを、政治学や社会政策の分野で「福祉国家レジーム」[30]という。福祉国家レジームとは、社会政策（医療や社会保障、年金、介護、児童手当など）に関わる家族、市場、国家がどのようなバランスで成り立っているかを類型化したものである。

比較政治経済学者のイエスタ・エスピン－アンデルセンは「脱商品化」と「社会的階層化」という二つの指標と、国家が個人に保障する社会権の性格、さらに国家、市場、家族の特徴などから各国を三つの福祉国家レジームに類型化した。

「脱商品化」とは、資本主義経済の下で労働力を商品として売る労働者が病気や事故などで労働市場から退出した場合に、憲法上の社会権にもとづいて給付される社会保障の充実度を指す（具体的には年金や医療保険など）。

「社会的階層化」とは、福祉国家の提供する社会政策が人々の生活状況をどの程度平等にするかを示す指標である。政府が給付制限を設けず普遍主義的な社会政策をとる国では、年金や医療などの給付格差はさほど生じず、社会的階層化は低い（平等性が高い）。一方、政府の社会政策が制限的で民間の医療保険や年金保険が主流の国では給付格差が大きく、社会的階層化は高くなる（平等性が低い）。

この指標に従って、エスピン－アンデルセンは、社会民主主義レジーム、保守主義レジーム、自由主義レジームという三つの福祉国家レジームを提示する。

第一の社会民主主義レジームに属するのは、高福祉で有名なスウェーデン、フィンランド、デンマークなどの北欧諸国である。脱商品化の程度が高く（すなわち国の社会保障が手厚く）、社会的階層化が低い（社会の平等性が高い）。普遍性と平等性が重視されるため年金や医療、失業などで国民の間の給付格差が少ない。

第二の保守主義レジームに属するのは、ドイツやフランスといった大陸西欧諸国である。教会や家族といった伝統的共同体に対するケア期待が高いため、脱商品化の程度は中程度である。雇用と拠出にもとづく職域別社会保険が発達し、国家が経済活動に介入する国家主義（かつ公務員への手厚い福祉）と、労使協調によるコーポラティズムが顕著である。

第三の自由主義レジームに属するのはイギリス、アメリカなどのアングロ・サクソン系諸国である。脱商品化が低く（国による社会保障が手薄）、社会的階層化が高い（社会の格差が大きい）。自由競争を重視し個人の自助を重んじる傾向があるため、政府が行う社会扶助サービスは限定的である。

ちなみに筆者は２０１９年の夏にアメリカ合衆国に滞在していたが、テレビを見ているとやたらと医療保険のＣＭが流れるのが印象的であった。アメリカに国民皆保険は存在せず、民間保険に入ることができるほどの経済的余裕のない人々は不十分な医療しか受けられない。アメリカでの新型コロナウイルス大流行では貧困層（特に黒人に多く、人種格差が指摘される）が十分な医療を受けられず、死亡率が著しく高いことはご存知の方も多いだろう。２０１０年には国民皆保険を目指す患者保護および医療費適正化法（Patient Protection and Affordable Care Act 通称オバマケア）が成立したが、民間保険が基本であることは変わらない。医療費が払えずに入院着のまま病院を追い出される人もいると聞き、日本の国民皆保険の存在意義を痛感したものである。[31]

では、日本はどの福祉国家レジームに属するのだろうか。脱商品化が低い（公的社会保障が薄い）一方、男性労働者を主に対象とする企業福祉などの特徴から、エスピン－アンデルセンは「自由主義と保守主義との独特な合成型[32]」と述べ、日本の位置づけに苦慮している。他方、政治学者の新川敏光は、エスピン－アンデルセンの福祉国家三類型に加え、第四類型として「家族主義レジーム」を提示する。家族主義とは、「高齢者の介護や育児といったケアはなるべく家族が担うべきである」

とする考えを指す。エスピン＝アンデルセンは家族主義について次のように述べる。

家族主義的なシステムは、これも「家族偏重」の立場と混同されてはならないが、家庭こそが家族の福祉の責任を第一に負わなければならないと公共政策が想定（むしろ主張）するようなシステムのことである。脱家族化のレジームとは、家庭の負担を軽減し、親族に対する個人の福祉依存を少なくしようとするレジームのことである。[33]

福祉国家は稼ぎ主としての男性と、家庭内で家事や育児などの再生産に携わる女性という、性別役割分業にもとづく近代家族を前提とする。したがって、脱家族化とは「男性稼得者家族の規範力が衰退し、女性の経済的自立が高まり、家族形態が多様化する過程[34]」と捉えることができる。新川によれば、この脱家族化と、エスピン＝アンデルセンが提示した脱商品化という軸で福祉国家を捉える場合、次の四類型が導出される。①脱商品化が高く、脱家族化も高い社会民主主義レジーム、②寛大な所得保障政策により脱商品化は高いものの家族福祉への期待は高い（脱家族化が低い）保守主義レジーム、③脱商品化は低いが、有償の家事労働などが市場により提供されるために脱家族化の高い自由主義レジーム、そして④脱商品化の程度が低く、かつ脱家族化も低い家族主義レジームである。日本や南欧諸国は公的扶助支出や失業保険の給付期間が短く（脱商品化が低く）、かつ

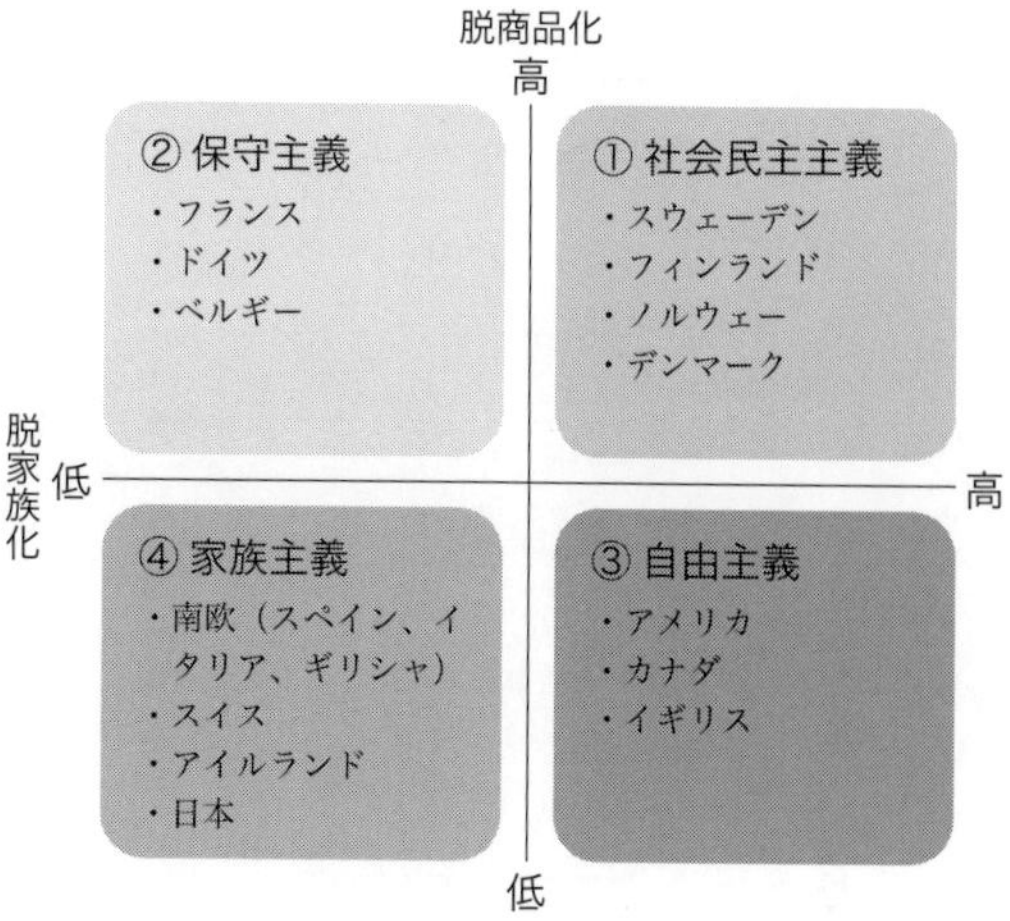


図 6-1　4 つの福祉国家レジーム

家族福祉への期待が高いことから、家族主義レジームに属する。[35]

日本の場合、1955年から73年にかけての高度経済成長期に家族主義レジームを支える性別役割分業が定着、強化された。1980年代には日本型福祉社会論の下で「福祉の含み資産」としての主婦にケア役割が期待され、民法の配偶者相続分の引き上げ、主婦の年金権の確立（第三号被保険者制度）、配偶者特別控除制度の導入など、性別役割分業を強化する政策が行われた。日本では、家族が介護や育児などのケアを担うべきとする家族主義的な発想はある程度当然のことと受け止められている。社会学者の柴田悠によれば2012年に各国で行われたアンケート調査で、「就学前の子どもの世話は、主に誰が担うべきか」という質問につき、家族主義レジームに属する日本の回答は、77%が「家族」で、「政府や自治体」と答えたのは11%であった。一方、社会民主主義レジームに属するスウェーデンは83%が「政府や自治体」と答え、「家族」と答えたのは10%であった。

同様に、「助けが必要な高齢者の世話は、主に誰が担うべきか」という質問でも、日本の回答は

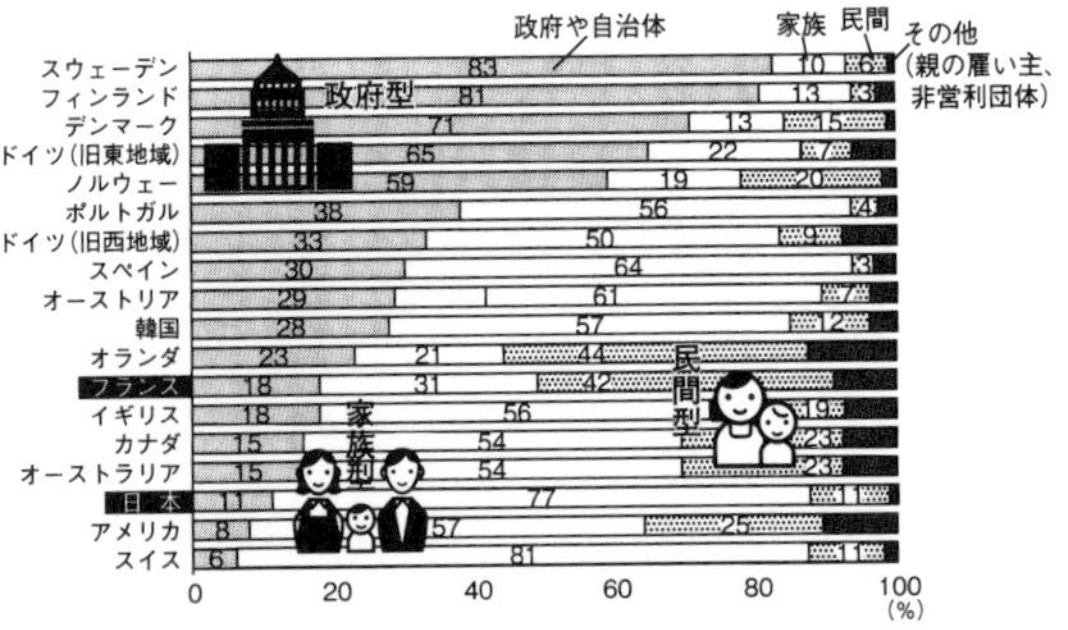


図 6-2　就学前の子どもの世話は、主に誰が担うべきか（柴田悠『子育て支援と経済成長』朝日新書、2017 年、188 頁より）

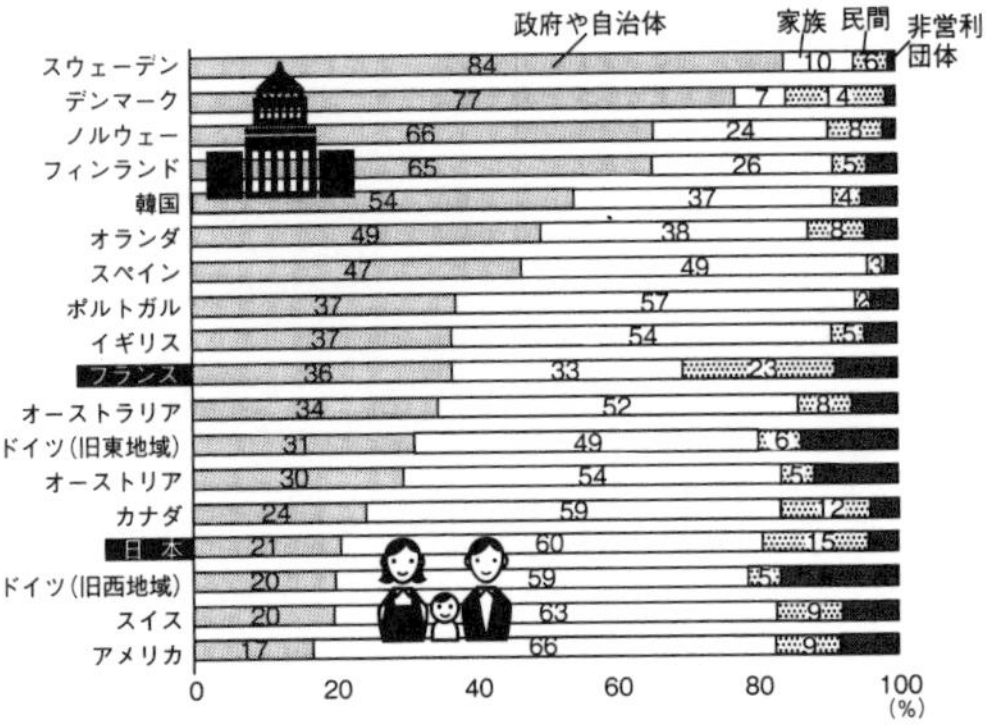


図 6-3　助けが必要な高齢者の世話は、主に誰が担うべきか（同上）

60％が「家族」であり、「政府や自治体」と答えたのは21％にすぎない。対照的に、スウェーデンでは「政府や自治体」が84％で、「家族」と答えたのは10％であった。[36] このように、日本では育児や介護は家族が担うものと考えられており、家族主義レジームを支える価値観が根強く社会に浸透しているといえる。

ならば、政府が「家族」の枠組みを拡大すること、すなわち同性カップルが同性婚により法的に家族になることを認めて政府の福祉負担を軽減することは、家族主義レジームのあり方にも合致することではないだろうか。同性カップルが求めるのは、法律上の家族と認められて互いのケアが担えるようになること、あるいは共同での子育てに安心して携われるようになることだろう。それは、家族に福祉を担ってもらうことで公的福祉負担を減らしたい国家にとっても有益なはずである。小さな政府と異性愛主義を志向する保守派が支える家族主義レジームの日本では、逆説的なことに、同性婚を認めることが、同性カップルにとっても、国家にとっても利益になることなのである。[37]

## 日本の同性婚をめぐる動き

同性愛者やトランスジェンダーなどの性的マイノリティを取り巻く状況は2000年以降、かなり変化している。03年には性同一性障害特例法ができ、性別違和を抱える個人の性別変更が可能になった。13年には、特例法にもとづき性別変更をした男性（元女性）が、人工授精によりもうけた子の戸籍上の父になることが認められた。[38]東京都渋谷区で同性パートナーシップ制度が導入された15年4月には、文部科学省が「性同一性障害に係る児童生徒に対するきめ細かな対応の実施等について」と題する通知を発し、学校現場での性同一性障害や性的マイノリティに対する配慮を促している。

２０１５年7月には、同性婚の実現を求めて42都道府県と海外に住む10代から60代のＬＧＢＴの当事者４５５名が、日本弁護士連合会（日弁連）に人権救済申し立てを行った。人権救済申し立てとは、日弁連が非公開の手続で人権侵害の有無を職権で調査する制度のことである。調査の結果人権侵害が認められた場合は、日弁連は加害者に対して勧告を出すことができる。法的効力はないが、4万人を超える全国の弁護士が所属する日弁連が出す勧告には大きな社会的影響力がある。[39]

立法の動きはどうなっているのだろうか。自治体での同性パートナーシップ制度の広がりや企業の同性パートナーへの福利厚生整備、性的マイノリティ当事者からの法制定の要求などを受け、２０１６年2月、与党自民党でＬＧＢＴ差別解消を目指す「性的指向・性自認に関する特命委員会」が立ち上げられた。特命委員会は4月に基本方針をまとめ法案作成を目指したが、党内には伝統的家族観を重視する声や同性婚反対の声もあり、その法案内容はＬＧＢＴに対する理解増進を目指すものにとどまっている。翌5月には野党も性的指向および性自認にもとづく差別を禁止する内容の法案を国会に提出したが、差別禁止に消極的な与党自民党と積極的な野党の温度差は大きく、その後ＬＧＢＴ差別解消のための法整備は立ち消えになっている。

自民党は２０１７年の政策パンフレットで「性的指向・性自認に関する広く正しい理解の増進」と「多様性を受け入れていく社会の実現」[40]を掲げている。多様性の受け入れを掲げる党の公約と保守的な伝統的家族観を有する議員との乖離が明白になったのが、２０１８年、自民党の杉田水脈議員が雑誌『新潮45』の寄稿文で示した、ＬＧＢＴは「「生産性」がない」[41]という表現だろう。杉田議員の見解に見られるのは、男女の異性愛こそが「常識」であり、「普通である」という根強い異性愛規範（ヘテロセクシズム）である。また、同性婚を認めれば近親婚もペット婚も認めねばならなくなるといった主張は、２０００年代のアメリカで同性婚反対の文脈で主張された「すべり坂理論」（slippery-slope）と同様である。同性婚をめぐる日米の保守派の主張がかくも酷似していることに驚くが、アメリカの宗教右派と日本の一部の宗教保守は情報交換や交流があるため、こうした類似性は決して偶然ではないのかもしれない。政治学者の岡野八代は、異性カップルこそが「普通」であるとする杉田議員の家族観は、まさに自民党に根ざす家族観にほかならないと指摘する。[42]保守政党である自民党は、生殖可能性を持つ異性カップルからなる法律婚を税制や社会保障の側面で優遇する一方、シングル・マザーや同性カップルを法的保護や優遇から排除してきた。こうした異性愛規範への強い信奉に女性蔑視や同性愛蔑視が伴うことは、保守派の言説によくみられるものである。その後、杉田議員の差別的表現に対する批判を受け、『新潮45』は休刊となった。

ちなみに、こうした同性婚に反対する保守派の言説の根底にあるのは、アメリカと同様に「社会が崩壊する」という恐れではないかと思われる。アメリカでも、旧約聖書のソドムとゴモラのエピソード（ソドムとゴモラの2都市は住民の男性同性愛が横行したために、神の怒りにふれて滅ぼされたとされる）をなぞる形で、同性婚を認めると社会が崩壊するという保守派の反対論があった。しかし第5章で言及したように、同性婚の法制度化は同性愛者の幸福度を上げるため、むしろ社会秩序の安定に寄与する。すでに同性婚を法制度化した諸国の社会が崩壊していないことをみれば、杞憂にすぎないといえるだろう。

2019年2月14日、札幌、東京、名古屋、大阪の各地裁で、13組の同性カップルが一斉に同性婚を求める訴訟を提起した（9月には福岡地裁でも提訴）。日本初の同性婚訴訟、「結婚の自由をすべての人に」訴訟である。2000年代以降、日本でも性的マイノリティの問題が人権問題として認識されるようになり、都市部でのプライドパレードの開催やLGBT支援を行うNPOの増加、同性パートナーシップ制度を認める自治体の増加など、同性婚の実現を訴える素地が整ったうえでの訴訟である。主な主張は2点である。

1　同性婚を認めない現行の民法および戸籍法の規定は、憲法24条1項が保障する婚姻の自由に対する侵害、および憲法14条1項の平等原則に反する差別的取扱いであり、違憲である。

2 同性婚を認める国際社会の潮流、同性愛者差別が不当であるという認識の確立等に照らせば、同性婚を認めずにきた立法不作為につき、国は国家賠償法1条1項の損害賠償責任を負う。[43]

日本初の同性婚訴訟は、同性婚が認められないことは違憲であると主張し、また国が同性婚を認めずにきたという立法不作為は国家賠償法上違法であるとして損害賠償を求める内容となっている。訴訟弁護団の南川麻由子は、「原告らの闘いは、自分たちのためだけでなく、自ら声を挙げられない同様の立場にある人たちやセクシュアリティに悩む次世代のための闘いでもある」とし、「多様な家族の形が受け入れられる社会は、きっと同性カップル以外の人にとっても生きやすい社会となるはず[44]」と述べる。アメリカでの事例を通してみたように、同性婚（婚姻の平等）の実現は、同性愛者自身の婚姻の自由が確保され、婚姻に伴う権利利益が保障されるというだけではない。同性愛者が可視化され、性的マイノリティとしてのロールモデルが提示されることも、そこには含まれている。それはセクシュアリティをめぐり、どう生きていけばいいのかと悩む次世代にとってもプラスの効果があるだろう。

今回の同性婚訴訟で、同性カップルの関係性や生活は異性婚夫婦と変わらないにもかかわらず、法律婚が認められないがゆえに様々な不利益や不都合を被っていることが明らかになった。[45] 第5章で述べたように、同性婚の承認は同性愛者や性的マイノリティを取り巻く様々な差別や偏見の中で、是正されていくべき課題の一つにすぎない。けれども、個人が自分の選んだ同性パートナーと婚姻するという選択肢を得られること。それは、同性愛者が個人として尊重される、より公正な社会を実現するための重要な一歩なのである。

## ●——画像クレジット

図 1–1，図 1–2……Courtesy of One Archives at the USC Libraries
https://one.usc.edu/

図 1–3，図 1–7，図 1–9，図 2–2；図 2–3，図 2–4，図 2–6，図 2–7，図 3–1，図 3–2，図 3–5，図 4–1，図 4–2，図 4–3，図 5–1，図 5–2，図 5–3，図 5–4，図 5–5，図 5–6……Wikimedia Commons

図 1–4……Joseph Ambrosini 撮影
https://news.harvard.edu/gazette/story/2019/06/harvard-scholars-reflect-on-the-history-and-legacy-of-the-stonewall-riots/

図 1–5，図 1–6……https://news.harvard.edu/gazette/story/2019/06/harvard-scholars-reflect-on-the-history-and-legacy-of-the-stonewall-riots/

図 1–8……William N. Eskridge Jr. and Darren R. Spedale, *Gay Marriage: For Better or for Worse? What We've Learned from the Evidence*, NY: Oxford UP, 2006, p. 11

図 2–1……"Participating Religious Group with the Largest Number of Adherents, 2010"（2010 U.S. Religious Congregations & Membership Study）にもとづいて作成

図 2–5，図 3–4……Florida Memory, State Library and Archive of Florida
https://www.floridamemory.com

図 3–3……"1996 Christian Coalition Voter Guide." Robert Booth Fowler, Allen D. Hertzke, Laura R. Olson, *Religion and Politics in America: Faith, Culture, and Strategic Choices*, 2nd ed., Boulder, Colo.: Westview Press, 1999, p. 105

表 5–1，図 6–1……筆者作成

図 6–2，図 6–3……柴田悠『子育て支援と経済成長』朝日新書，2017 年，188 頁

## おすすめ書籍紹介

本書の主題であるLGBTや同性婚、家族についてさらに詳しく知りたい人のために、いくつか書籍をおすすめしたい。

### ❖同性婚・婚姻の平等

白水隆『平等権解釈の新展開――同性婚の保障と間接差別の是正に向けて』三省堂、2020年

憲法学の観点から、カナダとアメリカの同性婚について学術的に掘り下げて検討・分析した本。

ジョージ・チョーンシー『同性婚――ゲイの権利をめぐるアメリカ現代史』上杉富之・村上隆則訳、明石書店、2006年

アメリカの同性婚をめぐる歴史研究の本。著者は同性愛者の権利をめぐる重要な裁判のいくつかで、専門家として証言している。

杉浦郁子・野宮亜紀・大江千束編著『パートナーシップ・生活と制度――結婚、事実婚、同性婚（増補改訂版）』緑風出版、2016年

同性カップルや事実婚カップルなど、親密な関係にある人たちが法的にどう扱われるかについての説明がわかりやすい。

『同性婚　だれもが自由に結婚する権利』同性婚人権救済弁護団編、明石書店、2016年

弁護士や同性カップル当事者による、同性婚がなぜ必要なのかについて検討する良書。

七崎良輔『僕が夫に出会うまで』文芸春秋、2019年

ゲイの著者によるブログの書籍化。自伝的内容を含み、著者の葛藤や心情が直に伝わってくる。

東小雪・増原裕子『同性婚のリアル』ポプラ新書、2016年

アクティビストの2人による著作。同性カップル同士の対談も記載されている。

南和行『同性婚――私たち弁護士夫夫です』祥伝社新書、2015年

弁護士の立場から、同性愛者や性的マイノリティの権利について検討する本。読みやすく、わかりやすい。

❖LGBT・セクシュアリティ

谷口洋幸・綾部六郎・池田弘乃編『セクシュアリティと法――身体・社会・言説との交錯』法律文化社、2017年

性的マイノリティをめぐる状況と法的対応はどうなっているのかについての論文集。セクシュアリティの基礎知識も学べる。

ＬＧＢＴＥＲ『ＬＧＢＴと家族のコトバ』双葉社、２０１８年

ＬＧＢＴの当事者と家族へのインタビュー集。葛藤や悩みを抱えつつもセクシュアリティに向き合う率直な姿勢が心を打つ。家族の声も興味深い。

ＬＧＢＴ支援法律家ネットワーク『セクシュアル・マイノリティＱ＆Ａ』弘文堂、２０１６年

ＬＧＢＴが抱える様々な法的問題についてのアドバイス集。巻末にはＬＧＢＴ支援に取り組む法律家の事務所紹介もある。

遠藤まめた『先生と親のためのＬＧＢＴガイド――もしあなたがカミングアウトされたなら』合同出版、２０１６年

学校現場でＬＧＢＴの子どもが直面する悩みについて、学校や先生はどう対応すべきか。具体的なアドバイスが実践的でわかりやすい。

風間孝・河口和也・守如子・赤枝香奈子『教養のためのセクシュアリティ・スタディーズ』法律文化社、２０１８年

大学生向けのセクシュアリティの教科書。当然視される近代のジェンダー規範への問いかけも新鮮。

上川あや『変えていく勇気――「性同一性障害」の私から』岩波新書、２００７年

性同一性障害特例法の制定にかかわったトランスジェンダーの区議の本。

ジェローム・ポーレン『LGBTヒストリーブック――絶対にあきらめなかった人々の100年の闘い』北丸雄二訳、サウザンブックス社、2019年

LGBTの歴史を扱った本。子ども向けにわかりやすく書かれているが、読みごたえがある。

三成美保編『同性愛をめぐる歴史と法――尊厳としてのセクシュアリティ』明石書店、2015年

同性愛をめぐる欧米と日本の論文集。特に日本の同性愛をめぐる論文が興味深い。

薬師実芳『LGBTってなんだろう?――からだの性・こころの性・好きになる性』合同出版、2014年

セクシュアリティについての入門書。多様なセクシュアリティをスペクトラムで捉える図がわかりやすい。

渡辺大輔『性の多様性ってなんだろう?』平凡社、2018年

セクシュアリティ教育専門の著者による、中学生向けの本。同性愛差別と女性差別の関連など、わかりやすくも鋭い指摘がある。

❖家族

落合恵美子『21世紀家族へ――家族の戦後体制の見かた・超えかた(第4版)』有斐閣選書、2019年

版を重ねている、家族研究で定評のある教科書。日本の家族をめぐる文脈を知りたければ必読。

柴田悠『子育て支援と経済成長』朝日新書、2017年

日本の子育てのしにくさはどうすれば解消されるのか。福祉国家と宗教についての斬新な視点が面白い。

本田由紀・伊藤公雄編著『国家がなぜ家族に干渉するのか――法案・政策の背後にあるもの』青弓社、2017年

本書で取りあげた「家族の価値」というイデオロギーは日本でも存在する。日本の「家族の価値」について分析した本。

# あとがき

本書は、平成23年（2011年）の博士号授与論文「同性婚と『家族の価値』——合衆国文化戦争の一側面」を下敷きに、ほぼ全面的に書き下ろしたものである。筆者が法学研究科に進学した2000年代後半は、ドウセイといえば「同棲」の意味であり、ヨーロッパで「同性婚」なるものの法整備が進みはじめたというニュースや、海外のLGBTデモなどを時折テレビでみかけるような状況だった。性的マイノリティを意味するLGBTという言葉も広がっておらず、研究報告の冒頭でLGBTの意味について説明していたことが懐かしい。

ちなみに、なぜ同性婚を研究テーマにしたかといえば、筆者の興味関心が元々ゲイカルチャーにあったからである。筆者が10代だった頃、ゲイブームがあった。家族の影響から聴いていた英国ロックやポップミュージックのうちで惹かれたペット・ショップ・ボーイズやジミー・ソマーヴィル、フランキー・ゴーズ・トゥ・ハリウッドなどはほぼ皆ゲイのミュージシャンだった。映像作家のデレク・ジャーマンも好きで、幻想的で耽美な映像を観るために足繁く映画館に通っていた。開催されたばかりのゲイ&レズビアン映画祭も足を運んでみた。要するに、筆者が耽溺したカルチャーの多くはLGBTに関わるものだった。一方でフェミニズムの書籍もちょこちょこと読んでいた筆者は、なぜ世の中は男女の組み合わせばかりなのかと、ずっと不思議に思ってきた。

博士課程で同性婚を研究すると決めたとき、対象地域としてアメリカを選んだのは、指導教官の棚瀬孝雄先生がアメリカの法社会学を専門としていたからである。棚瀬先生は実に鋭く、研究上の不備や、筆者が気づかない本質を一言で指摘してくれた。印象的だったのは、「同性愛の人は、誰かを傷つけるわけじゃないよね」という棚瀬先生の言葉である。これは今でも、核心を突く言葉だと思う。その後棚瀬先生が中央大学へ移られ、船越資晶先生に師事することになった。英語も実定法も不勉強な中、博士課程の日々を自由にやらせてもらえたのは、自由を重んじる京都大学の学風ゆえだろう。マイペースな筆者に合わせてくれた船越先生には大変感謝している。そんなわけで当初は同性婚を調べていたのだが、その中で「家族の価値」というイデオロギータームに出会った。同性婚を非難する文脈で、伝統的家族の礼賛が保守派の論文や議事録のあちこちに載っている。しかもどうも宗教右派と呼ばれる保守勢力が関わっているらしい。掘り下げるほどに、これまでにないアメリカがみえてきて、次第に同性婚以上に保守派の言説にのめりこんで調べていくことになった。博士論文は、同性婚の実現を目指す権利運動と保守派のバックラッシュがもたらすダイナミズムを、特に「家族の価値」というイデオロギータームに焦点を当てて書いてみた。私たちの社会では、なぜある種の家族概念（あるいは伝統的家族概念）が肯定的に描かれ、その家族像に人々が依拠しようとするのか。なぜ、保守派は伝統的家族概念に固執するのか。これらの問題関心を象徴する言葉が、「家族の価値」というイデオロギータームだと思っている。

その後新潟大学に赴任して同性婚問題はフォローにとどめていたところ、今回の書籍化のお話をいただいた。同性婚研究からだいぶ離れていた中でこのようなお話をいただけたことは僥倖だろう。2019年には米ロサンゼルスに2ヵ月弱滞在する機会も得て、普段の生活にLGBTの人々が溶け込んでいる様子に接する貴重な経験ができた。ちょうどストーンウォール暴動50周年ということもあり、様々な書籍や写真集も入手することができた。

同性婚の実現を目指す権利運動のうまさは、誰もがかかわる家族という観点から、権利を主張したことではないかと思う。本書では言及しなかったが、同性婚はトランスジェンダーの方にも関係がある。性同一性障害特例法では性別変更の審判を受けるにあたり、婚姻していないことが要件となっている（3条1項2号）。法律婚をしている異性カップルの片方が戸籍上の性別変更をする場合、同性カップルになってしまうため現行法では離婚せざるを得ない。しかし、同性婚が可能になれば、性別変更をしたうえでそのまま婚姻カップルとして生活することができる。一方、第5章で述べたように、同性婚問題はLGBTの抱える様々な生きづらさのうちの一部に過ぎない。筆者は教育学部に所属するため、学校現場の先生方と教員免許更新講習などでお会いする機会がある。講習で

ＬＧＢＴを取り上げると、「ある生徒がスカートをはきたがらない」「担当するクラスの生徒が同性に告白して、うわさになってしまった」など、学校現場のＬＧＢＴの生徒の悩みについて色々な声を聞く。学校現場でも、トランスジェンダーの生徒に配慮した制服の導入など、少しずつ状況は変わってきている。

同性婚はアメリカの文脈でみたように、ほかの権利保障のきっかけにもなりうる事柄である。同性婚が認められたところで異性愛者は不利益を被るわけでも損をするわけでもない。本書で言いたかったのは、同性婚は、関わる当事者にとっては幸福度が上がることであり、それらはめぐって社会全体にもメリットになる、ということである。日本でも同性婚訴訟などを通じてＬＧＢＴの可視化や、同性パートナーシップなどの権利保障が進めば、少しでもＬＧＢＴの生きづらさが減るのではないだろうか。本書がその助けになれば何よりも幸いである。

最後に、様々な編集作業に辛抱強く携わってくださった慶應義塾大学出版会編集部の片原さん、研究報告をさせてくださった研究会の先生方、大学院時代にお世話になったＬＧＢＴサークルの皆様、筆者を励まし、支え続けてくれた家族に御礼を言いたい。ありがとうございました。

２０２０年　初秋

著　者

小泉明子　こいずみ　あきこ

新潟大学教育学部准教授。

専門は法社会学。京都大学法学研究科博士後期課程修了（博士（法学））。京都女子大学非常勤講師、京都大学法学研究科助教などを経て、2012 年 9 月より現職。

主な著作に、「「家族の価値」が意味するもの」(『変革のカギとしてのジェンダー』ミネルヴァ書房、2015 年)、「婚姻防衛法の検討」(『法の観察』法律文化社、2014 年）など。

同性婚論争——「家族」をめぐるアメリカの文化戦争

2020 年 10 月 30 日　初版第 1 刷発行

著　者————小泉明子
発行者————依田俊之
発行所————慶應義塾大学出版会株式会社
〒108-8346　東京都港区三田 2-19-30
TEL〔編集部〕03-3451-0931
〔営業部〕03-3451-3584〈ご注文〉
〔　〃　〕03-3451-6926
FAX〔営業部〕03-3451-3122
振替　00190-8-155497
http://www.keio-up.co.jp/
装丁・イラスト—中尾悠
印刷・製本———株式会社理想社
カバー印刷———株式会社太平印刷社


Printed in Japan　ISBN 978-4-7664-2700-4

# 人名索引

# 事項索引

### ❖サ行

❖マ行



❖ヤ行



❖ラ行



❖ワ行

# 主要判例一覧

アイゼンシュタット対ベアード判決 Eisenstadt v. Baird, 405 U. S. 438（1972）
アメリカ対ウィンザー判決 United States v. Windsor, 570 U.S. 744（2013）
インレマリッジケーセズ判決 In re Marriage Cases, 183 P.3d 384（Cal. 2008）
オバーゲフェル対ホジス判決 Obergefell v. Hodges, 576 U.S. 644（2015）
グッドリッジ対公衆衛生局判決 Goodridge v. Department of Public Health, 798 N.E.2d 941（Mass. 2003）
グリズウォルド対コネティカット判決 Griswold v. Connecticut, 381 U.S. 479（1965）
ザブロッキ対レッドヘイル判決 Zablocki v. Redhail, 434 U.S. 374（1978）
ターナー対サフリー判決 Turner v. Safley, 482 U.S. 78（1987）
ブラウン対教育委員会判決 Brown v. Board of Education, 347 U.S. 483（1954）
ベアー対ルウィン判決 Baehr v. Lewin, 852 P. 2d 44（Haw.1993）
ベイカー対ヴァーモント州判決 Baker v. State of Vermont, 744 A.2d 864（Vt. 1999）
ベイカー対ネルソン判決 Baker v. Nelson, 191 N.W.2d, 185（1971）
ボストック対クレイトン郡判決 Bostock v. Clayton County, 590 U. S. ____（2020）
ホリングスワース対ペリー判決 Hollingsworth v. Perry, 570 U.S. 693（2013）
ボワーズ対ハードウィック判決 Bowers v. Hardwick, 478 U.S. 186（1986）
マスターピース・ケーキショップ対コロラド州人権委員会判決 Masterpiece Cakeshop, Ltd. v. Colorado Civil Rights Commission, 138 S. Ct. 1719（2018）
ラヴィング対ヴァージニア判決 Loving v. Virginia, 388 U.S. 1（1967）
ロウ対ウェイド判決 Roe v. Wade, 410 U.S. 113（1973）
ローマー対エヴァンズ判決 Romer v. Evans, 517 U.S. 620（1996）
ローレンス対テキサス判決 Lawrence v. Texas, 539 U.S. 558（2003）
『ワン』対オルセン判決 One, Inc. v. Olesen, 355 U.S. 371（1958）

# 註

## はじめに

01 James Davison Hunter, *Culture Wars: The Struggle to Define America*, NY: Basic Books, 1991; 志田陽子『文化戦争と憲法理論——アイデンティティの相克と模索』法律文化社，2006年.

02 Stacey M. Brumbaugh, Laura A. Sanchez, Steven L. Nock and James D. Wright, "Attitudes Toward Gay Marriage in States Undergoing Marriage Law Transformation", *Journal of Marriage and Family* 70, 2008, p. 347.

03 身体的性別と性自認が異なるために抱える違和感や苦痛を性別違和（gender dysphoria）という．日本では2003年に性同一性障害特例法が制定され，性同一性障がいの当事者は，20歳以上であることや性別適合手術等を条件に戸籍上の性別変更が可能になった．2019年の世界保健機構（WHO）総会で性同一性障がい（gender identity disorder）の脱精神疾患化が決定し，国際疾病分類第11回改訂版（ICD–11）では，第17章の「性の健康に関連する状態 conditions related to sexual health」に性同一性障がいの代わりに「性別不合 gender incongruence」が記載されている．

## 第1章

01 プラトン『法律　下』森進一・池田美恵・加来彰俊訳，岩波文庫，1993年，断片836–842.「女の真似をする人間の女の姿に似た点は，これを軽蔑する」「何びとも……自然に反する不毛な種子を，男に播いてはならない」．憲法学者のリチャーズによれば，男性同性愛行為の受け身的役割を批判する考えはギリシャおよび初期のキリスト教道徳にみられる (David A. J. Richards, "Sexual Preference as a Suspect (Religious) Classification: An Alternative Perspective on the Unconstitutionali-

ty of Anti-Lesbian/ Gay Initiatives", *Ohio State Law Journal* 55, 1994, p. 509).

02 松平光央「西欧文明, 同性愛, バーガー・コート――アメリカ連邦最高裁判所の同性愛処罰法合憲判決を中心に」法律論叢 60 巻 2・3 号, 1987 年, 169 頁.

03 William N. Eskridge Jr., *Gaylaw: Challenging the Apartheid of the Closet*, Cambridge: Harvard University Press, 2002, p. 157.

04 William Blackstone, *Commentaries on the Law of England: A Facsimile of the First Edition of 1765–1769*, Volume 4 of Public Wrongs (1769), Chicago: University of Chicago Press, 1979, p. 215–216.

05 三成美保「尊厳としてのセクシュアリティ」『同性愛をめぐる歴史と法――尊厳としてのセクシュアリティ』三成美保編, 明石書店, 2015 年, 44–45 頁.

06 Eskridge, Jr., *Gaylaw*, p. 328, 334.

07 John D'Emilio, *Sexual Politics, Sexual Communities: The Making of a Homosexual Minority in The United States1940–1970*, Chicago: University of Chicago Press, 1983, p. 14.

08 ジェローム・ポーレン『LGBT ヒストリーブック――絶対に諦めなかった人々の 100 年の闘い』北丸雄二訳, サウザンブックス社, 2019 年, 41 頁.

09 Kenji Yoshino, *Speak Now: Marriage Equality on Trial: The Story of Hollingsworth v. Perry*, NY: Broadway Books, 2016, p. 125.

10 "Security Requirement for Government Employment: Executive Order 10450", *Bulletin of the Atomic Scientists* 11 (4), April 1955, p. 157.

11 ポーレン『LGBT ヒストリーブック』46 頁.

12 ジョージ・チョーンシー『同性婚――ゲイの権利をめぐるアメリカ現代史』上杉富之・村上隆則訳, 明石書店, 2006 年, 49–50 頁.

13 Boutilier v. Immigration and Naturalization Service, 387 U.S. 118 (1967).

14 Yoshino, *Speak Now*, p. 123.

15 チョーンシー『同性婚』39 頁.

16 Lillian Faderman, *The Gay Revolution: The Story of the Struggle*, NY: Simon and Schuster Paperbacks, 2015, p. 8–9.
17 D'Emilio, *Sexual Politics, Sexual Communities*, p. 52–53.
18 One, Inc. v. Olesen, 241F. 2d 772 (9th Cir. 1957), reversed, 355 U.S. 371 (1958).
19 Patricia A. Cain, *Rainbow Rights: The Role of Lawyers and Courts in the Lesbian and Gay Civil Rights Movements*, Boulder: Westview Press, 2000, p. 75.
20 アーヴィング・ゴッフマン『スティグマの社会学――烙印を押されたアイデンティティ』石黒毅訳, せりか書房, 改訂版, 2003年, 115–116頁.
21 ポーレン『LGBTヒストリーブック』69頁.
22 David Carter, *Stonewall: The Riots That Sparked the Gay Revolution*, NY: St. Martin's Press, 2004, p. 16.
23 Faderman, *Gay Revolution*, p. 172–186.
24 ポーレン『LGBTヒストリーブック』85–88頁.
25 Eskridge Jr., *Gaylaw*, p. 127; チョーンシー『同性婚』71–72頁.
26 Baker v. Nelson, 191 N.W. 2d, 185 (1971).
27 『新版・対訳　アメリカ合衆国憲法』北脇敏一・山岡永知訳, 国際書院, 2002年, 65–71頁.
28 Baker v. Nelson, 409 U.S. 810 (1972).
29 Jones v. Hallahan, 501 S.W. 2d, 588 (1973). 地裁の段階では, 裁判官は原告トレイシー・ナイトが着ていたベージュのパンツスーツを「法廷侮辱的」であるとし, 女性なのだからドレスに着替えるべきと命じたうえで原告の訴えを却下している（チョーンシー『同性婚』134頁）.
30 Faderman, *The Gay Revolution*, p. 399; Lillian Faderman, *Harvey Milk: His Lives and Death*, New Heaven: Yale University Press, 2018, p. 164.
31 Faderman, *Harvey Milk*, p. 213–215; Faderman, *The Gay Revolution*, p. 397–403.
32 Faderman, *Harvey Milk*, p. 152.
33 草野厚「同性愛者の政治的影響力――行動の態様と力の源泉」『現代

アメリカ政治の変容』久保文明・草野厚・大沢秀介編，勁草書房，1999年，211頁．

## 第2章

01 Pew Research Center, “America’s Changing Religious Landscape” https://www.pewforum.org/2015/05/12/americas-changing-religious-landscape/（2020年8月25日最終閲覧）

02 飯山雅史『アメリカ福音派の変容と政治――1960年代からの政党再編成』名古屋大学出版会，2013年，30頁．

03 森孝一「統計からみるアメリカ――宗教の現状と特質」『アメリカと宗教（JIIA現代アメリカ）』森孝一編，日本国際問題研究所，1997年，19頁．

04 堀内一史『アメリカと宗教――保守化と政治化のゆくえ』中公新書，2010年，28頁．

05 飯山雅史『アメリカの宗教右派』中公新書ラクレ，2008年，58–59頁．

06 世界的にも有名な伝道師であるビリー・グラハム（1918–2018）は，南部バプテストの伝道師として福音派全体の力を押し上げたとされる．グラハムはアイゼンハウアー大統領以降の歴代大統領と懇意にし，ニクソン，ブッシュ，クリントンらの就任式で祈禱を行っている．彼は福音派ではあるが，党派的な宗教右派の運動には否定的であった(飯山雅史『アメリカの宗教右派』66頁)．

07 David W. Bebbington, *Evangelicalism in Modern Britain: A History from the 1730s to the 1980s*, NY: Routledge,1989; John C. Green, *The Faith Factor: How Religion Influences American Politics*, CT: Præger, 2007, p. 25; 飯山雅史『アメリカ福音派の変容と政治』33頁; 堀内一史『アメリカと宗教』30頁; 飯山雅史『アメリカの宗教右派』64–66頁; 近藤健『アメリカの内なる文化戦争――なぜブッシュは再選されたか』日本評論社，2005年，28頁．

08 Frank Newport, “5 Things to Know About Evangelicals in America”, Gallup https://news.gallup.com/opinion/polling-matters/235208/things-know-

evangelicals-america.aspx（2020 年 7 月 19 日最終閲覧）

09 Stephanie Coontz, *Marriage, a History: How Love Conquered Marriage*, NY: Penguin Books, 2006, p. 247.

10 Brown v. Board of Education, 347 U.S. 483 (1954).

11 大嶽秀夫『20 世紀アメリカン・システムとジェンダー秩序——政治社会学的考察』岩波書店，2011 年，第 5–6 章．

12 トッド・ギトリン『アメリカの文化戦争——たそがれゆく共通の夢』疋田三良・向井俊二訳，彩流社，2001 年，170 頁．

13 堀内一史『アメリカと宗教』105 頁．

14 Naomi Cahn and June Carbone, *Red Families v. Blue Families: Legal Polarization and the Creation of Culture*, NY: Oxford University Press, 2010, p. 38–39.

15 John C. Green, “Antigay: Varieties of Opposition to Gay Rights”, Craig A. Rimmerman, Kenneth D. Wald, Clyde Wilcox eds., *The Politics of Gay Rights*, Chicago: University of Chicago Press, 2000, p. 124; 蓮見博昭「宗教的保守勢力とブッシュ政権」久保文明編『G・W・ブッシュ政権とアメリカの保守勢力——共和党の分析』日本国際問題研究所，2003 年，170 頁．

16 堀内一史「アメリカにおける宗教右派の政治化——過去と現在」『麗澤学際ジャーナル』14 (2), 2006 年，53–54 頁．

17 Engel v. Vitale, 370 U.S. 421 (1962).

18 Rœ v. Wade, 410 U.S. 113 (1973).

19 Robert Booth Fowler, Allen D. Hertzke, Laura R. Olson, *Religion and Politics in America: Faith, Culture, and Strategic Choices*, 2nd ed., Boulder: Westview Press, 1999, p. 37.『タイム』誌は 1976 年を「福音派の年」と表現し，メディアは一躍宗教右派に注目した．

20 上坂昇『神の国アメリカの論理——宗教右派によるイスラエル支援，中絶・同性結婚の否認』明石書店，2008 年，49 頁; 堀内一史「アメリカにおける宗教右派の政治化」53 頁．

21 中岡望『アメリカ保守革命』中公新書ラクレ，2004 年，81 頁．

22 森孝一『宗教からよむ「アメリカ」』講談社, 1996年, 206頁.

23 森孝一『宗教からよむ「アメリカ」』206頁.

24 Frank Lambert, *Religion in American Politics: A Short History*, Princeton: Princeton University Press, 2010, p. 201–203; 飯山雅史『アメリカの宗教右派』115頁.

25 Lambert, *Religion in American Politics*, p. 190.

26 森孝一『宗教からよむ「アメリカ」』209頁.

27 松本佐保『熱狂する「神の国」アメリカ——大統領とキリスト教』文春新書, 2016年, 152頁.

28 Fowler et al., *Religion and Politics in America*, p. 101. このほか宗教右派といわれる団体には，テレヴァンジェリストたちが構成する宗教円卓会議（Religious Round Table 1980年解散），ヘリテージ財団に本拠があったキリスト者の声（Christian Voice），「すべての政策に聖書の理念を反映させる」ことを目的としたアメリカを憂慮する女性連盟（Concerned Women for America）などがある（飯山雅史『アメリカの宗教右派』118頁）.

29 Lambert, *Religion in American Politics*, p. 195.

30 上坂昇『神の国アメリカの論理』34頁.

31 Faderman, *Harvey Milk*, p. 143.

32 William N. Eskridge Jr., *Dishonorable Passions: Sodomy Laws in America 1861–2003*, NY: Viking, 2008, p. 209–212; Michæl K. Klarman, *From the Closet to the Alter: Courts, Backlash, and the Struggle for Same-Sex Marriage*, NY: Oxford University Press, 2013, p. 26–29. また翌日，フロリダ州議会は同性愛者の養子縁組を禁じる規定を制定した. 2010年に州控訴裁判所が州憲法違反と判断するまで，フロリダ州では同性カップルによる養子縁組が禁じられていた.

33 Klarman, *From the Closet to the Alter*, p. 28–29.

34 Eskridge Jr., *Dishonorable Passions*, p. 225–226.

35 Cece Cox, “To Have and To Hold-Or Not: The Influence of the Christian Right on Gay Marriage Laws in the Netherlands, Canada, and the United

States", *Law and Sexuality* 14, 2005, p. 27–28.

36 Eskridge Jr., *Dishonorable Passions*, p. 226.

## 第3章

01 チョーンシー『同性婚』29 頁.

02 Faderman, *The Gay Revolution*, p. 415–417.

03 Faderman, *The Gay Revolution*, p. 419.

04 田川建三『新約聖書 本文の訳』作品社, 2018 年, 322 頁.

05 Faderman, *The Gay Revolution*, p. 416; チョーンシー『同性婚』75 頁; ポーレン『LGBT ヒストリーブック』111 頁.

06 Eskridge Jr., *Dishonorable Passions*, p. 218.

07 Klarman, *From the Closet to the Altar*, p. 35.

08 Faderman, *The Gay Revolution*, p. 429–430.

09 Faderman, *The Gay Revolution*, p. 430–432; ポーレン『LGBT ヒストリーブック』118–125 頁.

10 チョーンシー『同性婚』139 頁.

11 ミル『自由論』斉藤悦則訳, 光文社古典新訳文庫, 2012 年, 30 頁.

12 Eskridge Jr., *Gaylaw*, p. 159. アメリカ法律家協会の提案により 1961 年にイリノイ州がソドミー法を撤回, 83 年までに 26 州でソドミー法が撤回されている.

13 Griswold v. Connecticut, 381 U.S. 479 (1965).

14 Eisenstadt v. Baird, 405 U.S. 438 (1972).

15 Bowers v. Hardwick, 478 U.S. 186 (1986).

16 Eskridge Jr., *Dishonorable Passions*, p. 279.

17 "Constitutional Limits on Anti-Gay-Rights Initiatives", *Harvard Law Review* 106, 1993, p. 1905.

18 Colorado Constitution Art. 5, Section 1.

19 武田真一郎「アメリカの州における住民投票に関する一考察」『成蹊法学』82 号, 2015 年, 76–77, 80 頁.

20 カーミット・ルーズヴェルト三世『司法積極主義の神話――アメリカ

最高裁判決の新たな理解』大沢秀介訳, 慶應義塾大学出版会, 2011年, 93–94頁.

21 Jane S. Schacter, "The Gay Civil Rights Debate in the States: Decoding the Discourse of Equivalents", *Harvard Civil Rights-Civil Liberties Law Review* 29, 1994, p. 293–295.

22 蓮見博昭『宗教に揺れるアメリカ——民主政治の背後にあるもの』日本評論社, 2002年, 250頁.

23 Romer v. Evans, 517 U.S. 620 (1996).

24 紙谷雅子「性的性向に基づく差別から同性愛者を保護することを禁止するコロラド州憲法の修正二と第一四修正の平等保護条項——Romer v. Evans, 116 S. Ct. 1620 (1996)」『ジュリスト』1148号, 1999年, 333–336頁.

25 Bæhr v. Lewin, 852 P. 2d 44 (Haw.1993).

26 Kathleen E. Hull, *Same-Sex Marriage: The Cultural Politics of Love and Law*, NY: Cambridge University Press, 2006, p. 155.

27 Hull, *Same-Sex Marriage*, p. 155–157.

28 Bæhr v. Miike, 994 P.2d 566 (1999). 94年に州保健省の長官が変更となり, 訴訟名が変わっている.

29 John C. Green, "The Spirit Willing: Collective Identity and the Development of the Christian Right", Jo Freeman and Victoria Johnson eds., *Waves of Protest: Social Movements Since the Sixties*, Lanham: Rowman & Littlefield, 1999, p. 156–162.

30 堀内一史「アメリカにおける宗教右派の政治化」57頁.

31 森孝一『宗教からよむ「アメリカ」』217頁.

32 Fowler et al., *Religion and Politics in America*, p. 81.

33 近藤健『アメリカの内なる文化戦争』119頁; Green, "The Spirit Willing," p. 161; 堀内一史「アメリカにおける宗教右派の政治化」58頁.

34 森孝一『宗教からよむ「アメリカ」』227頁.

35 上坂昇「宗教右翼の政治参加——共和党を支配するクリスチャン連合」『現代アメリカ政治の変容』久保文明・草野厚・大沢秀介編, 勁

草書房, 1999 年, 270 頁.

36 堀内一史『アメリカと宗教』193 頁.

37 Fowler et al., *Religion and Politics in America*, p. 146.

38 Ellen Reese, *Backlash Against Welfare Mothers: Past and Present*, Berkeley: University of California Press, 2005, p. 187–192; Anna Marie Smith, *Welfare Reform and Sexual Regulation*, Cambridge: Cambridge University Press, 2007, p. 18–19.

39 ヘルマ・ヒル・ケイ「抵触法における同性婚――提案されている婚姻擁護法についての検討」棚村政行訳, 小野幸二教授還暦記念論集『21 世紀の民法』法学書院, 1996 年, 831–832 頁.

40 Pub. L. No. 104–199, 110 Stat. 2419 (1996)(codified 1U.S.C.§7; 28U.S.C.§1738c).

41 Report together with Dissenting Views, H. Rept. 104–664., p. 12.

42 Report together with Dissenting Views, H. Rept.104–664., p. 13.

43 Cong. Rec. H7482, 104th Cong. (1996).

44 Cong. Rec. S10109–S10111, 104th Cong. (1996). 訳出にあたっては次も参照. マーサ・ヌスバウム『感情と法――現代アメリカ社会の政治的リベラリズム』河野哲也監訳, 慶應義塾大学出版会, 2010 年, 324–326 頁.

45 Cong. Rec. S10113–10114, 104th Cong. (1996).

46 "Litigating the Defense of Marriage Act: The Next Battleground for Same-Sex Marriage," *Harvard Law Review* 117, 2004, p. 2695–2696; Andrew Koppelman, *Same Sex, Different States: When Same-Sex Marriages Cross State Lines*, New Heaven: Yale University Press, 2006, p. 76–78.

47 連邦憲法第 4 条 1 節「十分な信頼と信用は, 各々他州の公の法令, 記録, および, 司法手続に対して各州において与えられなければならない. また, 連邦議会は, かかる法令, 記録, および, 手続の証明方法, ならびに, 当該州での効力を一般の法律によって規定することができる.」(『新版・対訳 アメリカ合衆国憲法』49 頁); Julie L. B. Johnson, "The Meaning of 'General Laws': The Extent of Congress's Power Under

the Full Faith and Credit Clause and the Constitutionality of Defense of Marriage Act", *University of Pennsylvania Law Review* 145, 1997, p. 1641–1642.

48 Larry Kramer, "Same-Sex Marriage, Conflict of Laws, and the Unconstitutional Public Policy Exception" *The Yale Law Journal* 106, 1997, p. 2002–2003.

49 松岡博『国際私法における法選択規則構造論』有斐閣, 1987 年, 119–151 頁; Uniform Marriage and Divorce Act, sec. 210, 9 A U.L.A. 159, 94 (1998).

50 Joseph William Singer, "Same Sex Marriage, Full Faith and Credit, and the Evasion of Obligation", *Stanford Journal of Civil Rights and Civil Liberties* 1, 2005, p. 16–17.

51 GAO–04–353R Defense of Marriage Act (Jan. 23, 2004).

52 Koppelman, *SameSex, Different States*, p. 129–130.

53 Koppelman, *SameSex, Different States*, p. 131.

## 第 4 章

01 Baker v. State of Vermont, 744 A. 2d 864 (Vt. 1999).

02 Göran Lind, *Common Law Marriage: A Legal Institution for Cohabitation*, NY: Oxford University Press, 2008, p. 856.

03 David A. J. Richards, *The Sodomy Cases: Bowers v. Hardwick and Lawrence v. Texas*, Lawrence: University Press of Kansas, 2009, p. 109；判例解釈として，松尾陽「文化戦争と反ソドミー法違憲判決」大沢秀介・大林啓吾編『アメリカ憲法判例の物語』成文堂，2014 年，第 6 章.

04 Lawrence v. Texas, 539 U.S. 558 (2003).

05 Maynard v. Hill, 125 U.S. 190 (1888).

06 Meyer v. Nebraska, 262 U.S. 390 (1923).

07 Griswold v. Connecticut, 381 U.S. 479 (1965).

08 Loving v. Virginia, 388 U.S. 1 (1967).

09 Zablocki v. Redhail, 434 U.S. 386 (1978).

10 Turner v. Safley, 482 U.S. 78 (1986).

11 憲法学者のウィリアム・N・エスクリッジ（イェール大学）は，ある州が同性婚を認めないことはラヴィング判決で認められた基本的自由の否定であるとする．社会が婚姻の目的として結びつきや当事者の相互の信頼を強調するのであれば，国（少なくとも州）は同性婚を認めるべきであると主張する (William N. Eskridge, Jr., *The Case for the Same-Sex Marriage: From Sexual Liberty to Civilized Commitment*, NY: Free Press, 1996, p. 130).

12 David A. J. Richards, *The Case for Gay Rights: From Bowers to Lawrence and Beyond*, Lawrence: University Press of Kansas, 2005, p. 102.

13 Evan Gerstmann, *Same-Sex Marriage and the Constitution, Third Edition*, NY: Cambridge University Press, 2017, p. 73–74. 連邦最高裁は 1938 年のアメリカ対キャロラインプロダクツ判決の脚注 4 で，「切り離され孤立した」マイノリティには厳格審査が適用されるべきと示唆し，以降人種差別などの場合には厳格審査を適用することが確立してきた (United States v. Carolene Products Co., 304 U.S. 144 [1938]). したがって，性的指向にもとづく差別が問題になる場合に高位の審査基準が適用されるかどうかは，同性愛者が「切り離され孤立した」マイノリティに該当するか，または疑わしい区分に該当するかが問われることになる．

14 David A. J. Richards, *Identity and the Case for Gay Rights: Race, Gender, Religion as Analogies*, Chicago: University of Chicago Press, 1999, p. 108–109.

15 Richards, *The Case for Gay Rights*, p. 132.

16 Carlos A. Ball, *The Morality of Gay Rights: An Exploration in Political Philosophy*, NY: Routledge, 2003, p. 75–76.

17 マーサ・C・ヌスバウム『女性と人間開発——潜在能力アプローチ』池本幸生・田口さつき・坪井ひろみ訳，岩波書店，2005 年，92–102 頁．

18 Ball, *The Morality of Gay Rights*, p. 107.

19 Carlos A. Ball, “The Positive in the Fundamental Rights to Marry: Same-Sex Marriage in the Aftermath of Lawrence v. Texas”, *Minnesota Law Re-*

*view* 88, 2004, p. 1218.

20 Andrew Koppelman, "Defending the Sex Discrimination Argument for Lesbian and Gay Rights: A Reply to Edward Stein", *UCLA Law Review* 49, 2001, p. 528.

21 Andrew Koppelman, *The Gay Rights Question in Contemporary American Law*, Chicago: University of Chicago Press, 2002, p. 53–54.

22 Koppelman, *The Gay Rights Question*, p. 63–64.

23 Kenneth L. Karst, "The Freedom of Intimate Association", *The Yale Law Journal* 89, 1980, p. 629.

24 Karst, "The Freedom of Intimate Association", p. 630–637.

25 Karst, "The Freedom of Intimate Association", p. 682–686. 第 3 章で取り上げたボワーズ対ハードウィック判決では，ブラックマン裁判官が反対意見でカーストの「親密な結合の自由」論文に依拠し，同性愛者のプライヴァシー権を擁護している．2003 年のローレンス対テキサス判決でこの主張が受け入れられてボワーズ判決の論理が変更されたことを考えれば，カーストの学説はローレンス判決に間接的に影響を与えているといえる．

26 見平典『違憲審査制をめぐるポリティクス——現代アメリカ連邦最高裁判所の積極化の背景』成文堂，2012 年，160–161 頁．

27 Edward Stein, "The Story of Goodridge v. Department of Public Health: The Bumpy Road to Marriage for Same-Sex Couples", *Cardozo Legal Studies Research Paper* 169, 2006, p. 11–12；Mary L. Bonauto, "Goodridge in Context", *Harvard Civil Rights-Civil Liberties Law Review* 40, 2005, p. 31–34.

28 チョーンシー『同性婚』181–183 頁 ; Bonauto, "Goodridge in Context", p. 10, 13–14. ちなみにグラッドは 1999 年のベイカー対ヴァーモント州判決（ヴァーモント州最高裁）にも関わっている．

29 Goodridge v. Department of Public Health, 798 N.E.2d 941 (Mass. 2003).

30 Mary Bonauto, "Massachusetts: Cradle of Liberty", Mark Strasser ed., *Defending Same-Sex Marriage*, v. 1, Westport, Conn.: Praeger, 2007, p. 14.

31 Bonauto, "Massachusetts", p. 16.

32 その後2005年には2060組，2006年には1442組，2007年の8月までには867組の同性カップルに，婚姻許可証が発行されている．*The New York Times*, Jun. 15, 2008.

33 President George W. Bush, "State of the Union", The U.S. Capitol, January 20, 2004.
http://www.gwu.edu/~action/2004/bush/bush012004sp.html (2020年8月3日最終閲覧)

34 *The Observer*, Feb. 29, 2004. このとき婚姻許可証を最初に受け取ったのは，第1章で述べたホモファイル運動期の団体ビリティスの娘たちの創設メンバー，フィリス・リオンとデル・マーティンである．

35 Lockyer v. City and County of San Francisco, 95 P. 3d 459 (Cal. 2004).

36 Thomas B. Colby, "The Federal Marriage Amendment and the False Promise of Originalism", *Columbia Law Review* 108, 2008, p. 536–537. また，2003年にはフォーカス・オン・ザ・ファミリーのドブソン，家族調査評議会のバウアーら宗教右派の指導者50名あまりがヴァージニア州アーリントンに集まり，連邦婚姻修正のための戦略を話し合った．以降，不定期に集まることになったこの連合体はアーリントン・グループと呼ばれている（堀内一史『アメリカと宗教』220頁）．

37 H. J. Res.93, 107th Cong. (2002).

38 "President Calls for Constitutional Amendment Protecting Marriage", February 24, 2004.
http://georgewbush-whitehouse.archives.gov/news/releases/2004/02/20040224-2.html (2020年8月3日最終閲覧)

39 "Federal Marriage Amendment (the Musgrave Amendment)".
https://www.govinfo.gov/content/pkg/CHRG-108hhrg93656/html/CHRG-108hhrg93656.htm (2020年8月3日最終閲覧); H. S. Res 56, 108th Cong. (2004).

40 Cong. Rec. H7903, 108th Cong. (2004).

41 Cong. Rec. H7916, 108th Cong. (2004).

42 Cong. Rec. H7923–7924, 108th Cong. (2004).

43 Cong. Rec. H7895, 108th Cong. (2004).

44 Cong. Rec. H7934, 108th Cong. (2004); Cong. Rec. S8090, 108th Cong. (2004). 連邦婚姻修正はその後 2005 年から 2009 年まで毎年連邦議会に提出されたがいずれも 3 分の 2 の支持に届かず，廃案になっている．

45 堀内一史『アメリカと宗教』223–224 頁；近藤健『アメリカの内なる文化戦争』52 頁；John C. Green, *The Faith Factor: How Religion Influences American Elections*, Westport: Praeger, 2007, p. 10–11.

46 松本佐保『熱狂する「神の国」アメリカ』219 頁．

47 Michael J. Klarman, “Brown and Lawrence (and Goodridge)”, *Michigan Law Review* 104, 2005, p. 480.

## 第 5 章

01 Kerrigan v. Commissioner of Public Health, 957 A. 2d 407 (Conn. 2008); Varnum v. Brien, 763 N.W. 2d 862 (Iowa 2009).

02 Donald P. Haider- Markel and Jami Taylor, “Two Steps Forward, One Step Back”, Carlos A. Ball ed., *After Marriage Equality: The Future of LGBT Rights*, NY: New York University Press, 2016, p. 43. 表 5–1 は p. 50–51 より作成．

03 Frank Newport, “For First Time, Majority of Americans Favor Legal Gay Marriage. Republicans and Older Americans Remain Opposed”, May 20, 2011.
https://news.gallup.com/poll/147662/First-Time-Majority-Americans-Favor-Legal-Gay-Marriage.aspx (2020 年 8 月 8 日最終閲覧)

04 Lynn D. Wardle, “Section Three of the Defense of Marriage Act: Deciding, Democracy, and the Constitution”, *Drake Law Review* 58, 2010, p. 965–966.

05 H.R. 1116, 112th Cong. (2011); S.598, 112th Cong. (2011).

06 United States v. Windsor, 570 U.S. 744 (2013). 判例解釈として，尾島明「英米法研究（第 65 回）同性婚の相手方を配偶者と認めない連邦法

の規定と合衆国憲法：United States v. Windsor, 570 U.S._, 133 S.Ct. 2675 (2013) 合衆国最高裁 2013 年 6 月 26 日判決」『法律のひろば』第 67 巻第 2 号, 2014 年, 64–72 頁.

07 連邦憲法修正第 5 条「何人も……法の適正手続なしに, 生命, 自由, または, (私有) 財産を奪われることもなく, また, 正当な補償なしに, 公共の使用のために私有財産を没収されることもない.」『新版・対訳　アメリカ合衆国憲法』63 頁. 第 3 章で述べたように, 修正第 5 条と修正第 14 条はどちらも法の適正手続を規定するが, 修正第 5 条は連邦政府に対する制約, 修正第 14 条は州政府に対する制約である.

08 The United States Department of Justice, "Letter from the Attorney General to Congress on Litigation Involving the Defense of Marriage Act", February 23, 2011.
http://www.justice.gov/opa/pr/2011/February/11-ag-223.html (2020 年 8 月 6 日最終閲覧)

09 *The Washington Post*, Mar. 5, 2011. 民主党は婚姻防衛法の擁護を否定しており, 両党派法律諮問グループは実質的には共和党の意思を代表するものと認識された.

10 *The New York Times*, May 10, 2012. 憲法学・法社会学者の見平典は, 連邦最高裁が積極的に違憲審査権を行使する司法積極主義に立つよう, 連邦政治指導者が促すことを「司法積極主義の政治的構築」と呼ぶ. 婚姻防衛法をめぐるオバマ大統領の言動はこの「司法積極主義の政治的構築」の典型的な事例といえる（見平典『違憲審査制をめぐるポリティクス』第 2 章).

11 Cal. Fam. Code § 308.5.

12 Lockyer v. City and County of San Francisco, 95 P.3d 459 (Cal. 2004).

13 In re Marriage Cases, 183 P.3d 384 (Cal. 2008).

14 Faderman, *The Gay Revolution*, p. 601–622.

15 *The New York Times*, Feb. 3, 2009.

16 California Constitution Article I, § 7.5; 宍戸常寿「合衆国最高裁の同性婚判決について」『法学教室』第 396 号, 2013 年, 158 頁.

17 Strauss v. Horton, 207 P.3d 48 (Cal. 2009).

18 Bush v. Gore, 531 U.S. 98 (2000).

19 『ジェンダー・マリアージュ――全米を揺るがした同性婚裁判』監督ベン・コトラー，ライアン・ホワイト，ユナイテッド・ピープル配給，2014年（原題 The Case Against 8）.

20 Perry v. Schwarzenegger, 704 F. Supp. 2d 921 (2010).

21 Perry v. Brown, 671 F.3d 1052 (9th Cir. 2012). 州知事の変更により，訴訟名が変更している.

22 Hollingsworth v. Perry, 570 U.S. 693 (2013). 上訴にあたり，訴訟名が公的発案者の名前に変更している.

23 Pub. L. No. 111–84. 法律の名称は，1998年にワイオミング州で21歳の大学生マシュー・シェパードが同性愛者に対するヘイトクライムにより殺害された事件にもとづく.

24 Faderman, *The Gay Revolution*, p. 511.

25 *The Washington Post*, Aug. 25, 2004.

26 *Chicago Tribune*, Oct. 31, 2014.

27 Ohio Constitution Article XV, §11.「1人の男性と1人の女性の間の結びつきのみが，この州および行政機関内で，またはそれらにより，妥当とされ，公認される．この州および行政機関は，未婚の個人の関係性のための法的地位を創設，公認し，婚姻の目的，性質，重要性あるいは効果に近づけようとしてはならない.」

28 Debbie Cenziper and Jim Obergefell, *Love Wins: The Lovers and Lawyers Who Fought the Landmark Case for Marriage Equality*, NY: William Morrow, 2017, p. 126–135.

29 その他の主な原告は次のとおりである。

・ミシガン州

エイプリル・デボアとジェーン・ロウズの女性カップル．3人の養子を育てているが，うち2人は特別のケアを要する．ミシガン州は同性カップルの養子縁組を認めないため，片方しか養子の親権者になれない．不安定な地位の解消を求めて，提訴した.

・テネシー州

イジプ・デコーとトーマス・コストラの男性カップル．2011年にニューヨーク州で婚姻したが，テネシー州では認められないため，提訴した．

30 DeBoer v. Snyder, 722 F.3d 388 (6th Cir. 2014).

31 丸田隆『現代アメリカ法入門——アメリカ法の考え方』日本評論社，2016年，53頁．

32 Cenziper and Obergefell, *Love Wins*, p. 249–251.

33 Cenziper and Obergefell, *Love Wins*, p. 275.

34 Obergefell v. Hodges, 576 U.S.644 (2015).

35 Baker v. Nelson, 409 U.S. 810 (1972).

36 日本でのオバーゲフェル判決の判例解釈として，白水隆「オバーゲフェル判決を振り返る」『立教アメリカン・スタディーズ』第38号，2016年; 駒村圭吾「同性婚訴訟と憲法解釈—— Obergefell v. Hodges 事件判決をめぐって」『アメリカ法』2016 (2)，2017年；紙谷雅子「Obergefell v. Hodges について——アメリカ法の立場から」『アメリカ法』2016 (2)，2017年; 大林啓吾「同性婚問題にピリオド？——アメリカの同性婚禁止違憲判決をよむ」『法学教室』第423号，2015年; 巻美矢紀「Obergefell判決と平等な尊厳」『憲法研究』第4号，2019年; 小竹聡「アメリカ合衆国憲法と同性婚—— Obergefell判決をめぐって」『拓殖大学論集　政治・経済・法律研究』第18巻第2号，2016年; 木村草太「憲法と同性婚」杉田敦編『グローバル化のなかの政治(岩波講座現代第4巻)』岩波書店，2016年など参照．

37 "The President Speaks on the Supreme Court's Decision on Marriage Equality".
https://obamawhitehouse.archives.gov/the-record/social-progress
オバマ大統領のスピーチはYoutubeでも視聴できる．http://youtu.be/b715GKJNWXA (2020年8月9日最終閲覧)

38 Justin McCarthy, "U.S. Support for Same-Sex Marriage Matches Record High", June 1, 2020.

https://news.gallup.com/poll/311672/support-sex-marriage-matches-record-high.aspx (2020 年 8 月 6 日最終閲覧)

39 Obergefell v. Hodges, 576 U.S. 644 (2015).

40 駒村圭吾「同性婚と家族のこれから——アメリカ最高裁判決に接して」『世界』第 873 号, 2015 年, 25, 26 頁.

41 *The New York Times*, Aug. 13, 2015; Sept. 1, 2015; Sept. 10, 2015.

42 Gary Mucciaroni, "Will Victory Bring Change?: A Mature Social Movement Faces the Future", *After Marriage Equality*, p. 31.

43 『新版・対訳　アメリカ合衆国憲法』61 頁.

44 Masterpiece Cakeshop, Ltd. v. Colorado Civil Rights Commission, 138 S. Ct. 1719 (2018).

45 判例解釈として, 中曽久雄「宗教的信念に基づくウェディングケーキ作りの拒否—— Masterpiece Cakeshop, Ltd. v. Colorado Civil Rights Commission」『愛媛大学教育学部紀要』第 65 巻, 2018 年; 巻美矢紀「尊厳と尊厳の衝突——寛容な社会における国家の役割とは？」『上智法学論集』第 62 巻第 3・4 号, 2019 年; 大林啓吾「ケーキ屋が同性カップルにウェディングケーキの販売を拒否したことに対して, コロラド州の人権委員会が差別に当たるとして是正命令を求めたことがケーキ屋の信教の自由を侵害するとした事例——マスターピースケーキショップ判決」『判例時報』第 2379 号, 2018 年, 116–117 頁.

46 巻美矢紀「尊厳と尊厳の衝突」104–105 頁.

47 Andrew Koppelman, "Gay Rights, Religious Accommodations, and the Purpose of Antidiscrimination Law", *Southern California Law Review* 88, 2015, p. 652–653.

48 Douglas Nejaime and Reva B. Siegel, "Religious Accommodation, and Its Limits, in a Pluralist Society", William N. Eskridge Jr. and Robin F. Wilson eds, *Religious Freedom, LGBT Rights, and the Prospects for Common Ground*, Cambridge: Cambridge University Press, 2019, p. 79–80.
1993 年, アメリカは連邦法の信教の自由回復法（Religious Freedom Restoration Act）を制定し, 政府が個人の信教の自由の行使に実質的

に負担をかけることを禁じている．2014 年，連邦最高裁はこの信教の自由回復法を広く解釈し，被用者に対し避妊具を補償する内容を含む米国保健福祉省（HHS）の使用者向け健康保険は信教の自由回復法に違反すると判断した．この判決では，避妊具は堕胎薬に等しいと考える使用者側の宗教的信念が肯定されている (Burwell v. Hobby Lobby Stores, Inc., 573 U.S. 682 (2014)).

49 Douglas Laycock, "Liberty and Justice for All", *Religious Freedom*, p. 25.

50 H.R. 5, 116th Cong. (2019).

51 Bostock v. Clayton County, 590 U. S. ____ (2020).

52 ロバート・ロディ，ローラ・ロス『多様な性のありかたを知ろう（わたしらしく，LGBTQ 1)』LGBT 法連合会監修，上田勢子訳，大月書店，2017 年，4 頁．

53 Hub Staff Report, "Legalization of Same-Sex Marriage Linked to Reduction of Suicide Attempts among High School Students", February, 21, 2017. https://hub.jhu.edu/2017/02/20/same-sex-marriage-suicide-attempts/ (2020 年 8 月 6 日最終閲覧 )

## 終章

01 鈴木賢「台湾における婚姻平等化からの示唆」『法学教室』第 472 号，2020 年，144 頁．

02 その他の規定として，区内事業者による性的マイノリティに対する差別禁止（第 7 条 3 項，第 8 条 3 項)，同性カップルの区営・区民住宅入居申し込み（第 16 条）などがある．

03 南和行『同性婚――私たち弁護士夫夫です』祥伝社新書，2015 年，182 頁．

04 認定 NPO 法人虹色ダイバーシティ「地方自治体の同性パートナー認地件数（2020 年 6 月 30 日時点)」 https://nijiirodiversity.jp/partner20200630/ （2020 年 8 月 10 日最終閲覧)

05 2019 年 3 月，日本人男性と 25 年以上同性パートナーとして同居して

いる台湾人男性に対し，法務省入国管理局は生活実態を重視して在留特別許可を出した．同性パートナーの在留許可が認められた初のケースである．

06　杉浦郁子・野宮亜紀・大江千束編著『パートナーシップ・生活と制度――結婚，事実婚，同性婚（増補改訂版）（プロブレム Q&A）』緑風出版，2016 年，58 頁（大島梨沙執筆）．ちなみにある大手生命保険会社では，同性カップルは面接で確認の上，生命保険等の受取人になれる．法律婚夫婦であれば書類の提出で済むところ，こうした扱いの差はやはり同性婚が認められていないためかと思われる．

07　川島武宜『日本人の法意識』岩波新書，1967 年，24 頁．

08　幸福追求権の具体的内容については，個人の人格的生存に不可欠な利益を意味するとする人格的利益説（または人格的自律権説）と，幸福追求権には個人の生活領域のあらゆる行為が含まれるとする一般的行為自由説とが対立している．いずれの説でも，個人が誰を配偶者として選択するか，どのような家族を形成・維持するかといった事柄は幸福追求権に含まれる自己決定権で保障されると考えられている．

09　「新しい人権」とは，社会の変化に応じて「自律的な個人が人格的に生存するために不可欠と考えられる基本的な権利，自由」であり，環境権や嫌煙権が含まれる．芦部信喜『憲法（第七版）』高橋和之補訂，岩波書店，2019 年，120 頁．

10　清水雄大「日本における同性婚の法解釈〈下・完〉」『法とセクシュアリティ』第 3 号，2008 年，33 頁．

11　中岡淳「同性婚の憲法的保護の可能性（三）・完――Obergefell v. Hodges 事件における「対等な尊厳」と「婚姻」概念をめぐって」『法学論叢』第 185 巻 1 号，2019 年，51–64 頁．

12　中岡淳「同性婚の憲法的保護の可能性（三）・完」64–66 頁．憲法学者の白水隆は，「婚姻の意義を個人の自律性から説けば説くほど，かえって多様な生き方を保障している第 13 条全体の趣旨に反するおそれが生じ得る」として，憲法 13 条に依拠して同性婚を支持する見解に慎重な立場をとる（白水隆『平等権解釈の新展開――同性婚の保障と

間接差別の是正に向けて』三省堂, 2020年, 101頁).

13 性差別とみる見解として, 清水雄大「日本における同性婚の法解釈〈下・完〉」12頁; 大野友也「日本国憲法と同性婚」『月刊全青司』第452号, 2017年, 12–13頁.

14 社会的身分については,「自己の意志をもってしては離れることのできない固定した地位」と狭くとらえる狭義説,「人が社会において一時的ではなしに占める地位」と広くとらえる広義説（判例の立場),「人が社会において一時的でなく占めている地位で, 自分の力ではそれから脱却できず, それについて事実上ある種の社会的評価が伴っているもの」ととらえる中間説とがある（芦部信喜『憲法（第七版)』139–140頁). 中間説に依拠して性的指向を社会的身分とみる論考として, 棟居快行ほか著『基本的人権の事件簿——憲法の世界へ（第6版)』有斐閣, 2019年, 33–34頁.

15 辻村みよ子『憲法と家族』日本加除出版, 2016年, 109–110頁; 芦部信喜『憲法（第七版)』135–136頁.

16 最大判平成7年7月5日『最高裁判所民事判例集』49巻7号1789頁.

17 最大判平成25年9月4日『最高裁判所民事判例集』67巻6号1320頁.

18 齊藤笑美子「同性カップルは結婚できない？」『リアル憲法学（第2版)』石埼学ほか編, 法律文化社, 2013年, 87–88頁.

19 木村草太「憲法と同性婚」95–97頁. 白水隆も「同性婚を認めないことは, 原則, 誰もが参加できる婚姻制度において, ある範疇に属する者または集団を排斥することであり, 同性カップルの尊厳を害するが故に平等権違反となると考えられる」とする（白水隆「同性婚と日本国憲法」『比較憲法学の現状と展望——初宿正典先生古希祝賀』毛利透ほか編, 成文堂, 2018年, 608頁).

20 最大判平成27年12月16日『最高裁判所民事判例集』69巻8号2586頁.

21 最大判平成27年12月16日『最高裁判所民事判例集』69巻8号

2586頁.

22 家族関係について定める憲法24条と個人の尊重を定める憲法13条の関係をどう捉えるかについては見解が分かれている. 13条が憲法に規定される個々の人権規定の根底におかれる包括的権利であるとの位置づけをふまえて, 13条を適用対象や範囲を限定しない一般法とみなし, 24条は家族関係について優先的に適用される特別法と位置づける説がある. また24条の「夫婦が同等の権利を有する」,「両性の本質的平等」といった文言より, 平等権を定めた14条1項の特別規定とみる説もある. 一方, 24条と13条が保障する幸福追求権ないし家族に関する自己決定権の具体化とみる説もある.『憲法I——基本権』渡辺康行ほか編, 日本評論社, 2016年, 454頁; 松井茂記『LAW IN CONTEXT 憲法——法律問題を読み解く35の事例』有斐閣, 2010年, 6頁; 辻村みよ子『憲法と家族』121–122頁.

23 「「両性の合意」という文言からすると, 憲法は同性愛者間の家庭生活を異性間のそれと同程度に配慮に値するものとは考えていないように思われる」(長谷部恭男『憲法(第7版)』新世社, 2018年, 187頁); 「「両性」の本質的平等とのべているかぎりで、同性の結合による「家族」をみとめるほどには徹底していない」(樋口陽一『憲法(改訂版)』創文社, 1998年, 265頁);「憲法は一組の男女とその間に生まれた子どもからなる法律上の家族の保護を目的としていると解する立場に立てば……それ以外の結合形態(同性ペアが同居する家族や未婚の母と子どもからなる家族など)は13条の問題として捉えられることになろう」(佐藤幸治『日本国憲法論』成文堂, 2011年, 191頁, 脚注48);「通説は、24条の「両性」をboth sexesという定めとして捉え, 24条下では同性婚は容認されないと解してきた」(辻村みよ子『憲法と家族』129頁);「同性間の婚姻が異性間の婚姻と同程度に保障されると解することは憲法の文言上困難である」,「文言上は定かでないが, 憲法は一組の男女による婚姻, つまり一夫一婦制を想定」(渋谷秀樹『憲法(第3版)』有斐閣, 2017年, 463–464頁);「結婚の自由については憲法24条が保障しているが, 近年議論され始めた同性間の結

婚まではカバーしていないというのが通説である」(高橋和之『立憲主義と日本国憲法(第4版)』有斐閣, 2017年, 153頁);「現時点で、憲法が同性婚を異性婚と同程度に保障しなければならないと命じているわけではないとの理解が大方のところであろう」(川岸令和『注釈日本国憲法(2)国民の権利及び義務(1)§§10〜24』長谷部恭男編, 有斐閣, 2017年, 510頁).

24 齊藤笑美子「家族と憲法——同性カップルの法的承認の意味」『憲法問題』第21号, 2010年, 112頁.

25 ロナルド・ドゥオーキン『権利論(増補版)』木下毅・小林公・野坂泰司訳, 木鐸社, 2003年, 15頁.

26 ドゥオーキン『権利論』15, 18頁; 平野仁彦・亀本洋・服部高宏『法哲学』有斐閣, 2002年, 216–217頁; 宇佐美誠・濱真一郎編著『ドゥオーキン——法哲学と政治哲学』勁草書房, 2011年, 31頁.

27 巻美矢紀「Obergefell判決と平等な尊厳」110頁. 巻は, ヨーロッパ人権条約12条は「婚姻適齢の男女は, 婚姻し家庭を設ける権利を有する」と規定するが, 条約加盟国のフランス, オランダ, スペイン, 北欧諸国などでは下位規範の国内法で同性婚が認められており, この12条を原理と解することができるとする.

28 巻美矢紀「Obergefell判決と平等な尊厳」113頁.

29 憲法13条の幸福追求権から導かれる自己決定権を根拠として同性婚を認める場合, 他の親密な結合である複婚(一夫多妻, 一妻多夫, 多夫多妻)や近親婚も法制度として認めるべきではないか, という意見が出てくるかもしれない. 白水隆は, 同性婚禁止は性的指向にもとづく区別である一方, 複婚の禁止は配偶者の数にもとづく区別であり, 区別事由の性質や, 婚姻が包摂する中身が異なるとするカナダの判例を取り上げている(白水隆『平等権解釈の新展開』106頁).

また複婚は一夫多妻が主であり, 女性差別的な側面があることから配偶者間の対等性を確保できないこと, 近親婚は遺伝学上の問題および当事者間の対等性の確保が困難であるほか, すでに法律上の家族であることから親密な結合としての法的保護を認める必要性は薄いことな

どが，法制度として認められない理由としてあげられる．

30 エスピン－アンデルセンによれば，福祉国家レジームは，「社会政策に関連する政策決定，支出動向，問題の定義づけ，さらには市民や福祉受給者が社会政策にいかに反応し何を要求するかという構造について，これらを統御，形成する制度的な配置，ルールおよび了解事項」と定義づけられる（G・エスピン－アンデルセン『福祉資本主義の三つの世界——比較福祉国家の理論と動態』岡沢憲芙・宮本太郎監訳，ミネルヴァ書房，2001 年，87 頁）．

31 社会学者の柴田悠は，高福祉の北欧諸国と低福祉の英米をプロテスタントの教派の違いから分析する．すなわちルター派の北欧諸国は共助を重視したため高福祉の国となり，カルヴァン派の英米は神が喜んだ印としての稼ぎをさらなる投資へ回すために，低税率・低福祉の国になったとする（柴田悠『子育て支援と経済成長』朝日新書，2017 年，126–139 頁）．

32 エスピン－アンデルセン『福祉資本主義の三つの世界』xiii 頁．

33 G・エスピン－アンデルセン『ポスト工業経済の社会的基礎——市場・福祉国家・家族の政治経済学』渡辺雅男・渡辺景子訳，桜井書店，2000 年，86 頁．

34 新川敏光「福祉レジーム変容の比較と日本の軌跡」『企業と労働（社会保障と経済 1）』宮島洋・西村周三・京極高宣編，東京大学出版会，2009 年，31 頁．

35 新川敏光「福祉レジーム変容の比較と日本の軌跡」34–38 頁．

36 柴田悠『子育て支援と経済成長』187–189 頁．

37 自民党が 2012 年に公表した日本国憲法改正案では，24 条で「家族は、互いに助け合わなければならない」として家族の相互扶助義務が規定されている．一方，改憲案 22 条の経済的自由からは「公共の福祉に反しない限り」という制約が取れており，経済的自由を推し進める代わりにそこからこぼれ落ちた経済的・社会的弱者のケアを家族に担わせるという構図がみえてくる．改憲案は復古的である，家制度を彷彿とさせるといった指摘がなされているが，家族に福祉を担わせるという

家族主義レジームの枠組みは揺らいでいない．であればこそ，同性婚を認めて法律上の家族の枠組みを拡大することは，家族主義レジームの日本にとって有益なことであるように思われる．

38 最高裁平成25年12月10日『最高裁判所民事判例集』67巻9号1847頁．

39 山下敏雅「プロローグ」『同性婚　だれもが自由に結婚する権利』同性婚人権救済弁護団編，明石書店，2016年，10–13頁．

40 自民党改革BANK．
http://jimin.jp-east-2.storage.api.nifcloud.com/pdf/pamphlet/20171003_bank.pdf（2020年8月11日最終閲覧）

41 杉田水脈「「LGBT」支援の度が過ぎる」『新潮45』第37巻第8号，2018年，59頁．

42 岡野八代「差別発言と，政治的文脈の重要性——「LGBT」支援の度が過ぎる」の根幹」『世界』第913号，2018年，141頁．

43 「訴状」2019年（平成31年）2月14日．
https://www.call4.jp/file/pdf/201902/b10fd73de20166bf6638fce6e1dd8094.pdf（2020年8月10日最終閲覧）

44 南川麻由子「結婚の自由と平等を求めて——同性婚訴訟の要点」『世界』第919号，2019年，26頁．

45 2020年3月4日，30代女性が同性パートナーである相手方の不貞行為につき慰謝料等の損害賠償を求めていたケースで，東京高裁は女性の訴えを認めた．東京高裁は，女性が相手方と2010年から7年間同居しており，2014年に米ニューヨーク州で同性婚をしていることなどから，「婚姻に準ずる関係から生じる法律上保護される利益を有するものというべき」として不貞行為に対する賠償を認めた．同判決は同性カップルの関係性を「婚姻に準ずる関係」と位置づけた点で，現在進行中の同性婚訴訟にも影響を与えると思われる（東京高裁令和2年3月4日判決（令和1年（ネ）第4433号／令和1年（ネ）第5124号））．